KB179862

꽃,
내 생활에 피어오르다

꽃, 내 생활에 피어오르다

ⓒ 히라이 가즈미, 2018

초판 1쇄 인쇄일 2018년 9월 17일
초판 1쇄 발행일 2018년 9월 28일

지은이 히라이 가즈미
촬영 아리가 스구루有賀 傑 p. 4~5, 8~67, 74~109, 116~157, 표지
스나하라 아야砂原 文 p. 68~73
하시노키 이사오樾木 功 p. 110~115
옮긴이 원형원
펴낸이 김지영 **펴낸곳** 지브레인Gbrain
편집 김현주
제작 · 관리 김동영 **마케팅** 조명구

출판등록 2001년 7월 3일 제2005-000022호
주소 04021 서울시 마포구 월드컵로7길 88 2층
전화 (02)2648-7224 **팩스** (02)2654-7696

ISBN 978-89-5979-569-7(13690)

- 책값은 뒤표지에 있습니다.
- 잘못된 책은 교환해 드립니다.
- 해든아침은 지브레인의 취미 · 실용 전문 브랜드입니다.

꽃,
내 생활에 피어오르다

히라이 가즈미 지음   원형원 옮김

해든아침

Preface

들어가며

　저는 평소 지인의 집에 초대받으면 그 사람과 어울릴 것 같은 꽃을 선물로 들고 갑니다. 마치 '출장 플라워 데커레이션'처럼, 꽃을 장식해드리는 것입니다. 그러면 누구 할 것 없이 크게 기뻐하고 저도 그 모습을 보는 것이 즐겁습니다. 이 이야기를 들은 월간지 〈천연생활〉 기획부가 연재를 제안하여, 총 21명의 자택을 방문해 플라워 데커레이션을 진행하게 되었습니다.

　이들은 제가 평소에 함께 식사를 하거나 여행을 가는 가까운 친구들, 닮고 싶은 부부 그리고 이번 기회에 제대로 한번 만나보고 싶었던 분들입니다.

　각 집을 방문하여 이야기를 들어보면 시간을 보내는 법, 소중히 여기는 것들, 좋아하는 색 등 조금씩 각자의 라이프 스타일이 보입니다.

　이전에 몇 번 찾아간 적이 있어서 평소 꽃꽂이를 즐기고 있다고 생각했는데 알고 보니 전혀 아니었던 경우도 있었지요. 이 분에게는 우선 좋아하는 요리와 연결시켜 꽃을 일상에 들이는 제안을 해보기로 했습니다.

　매일 집에서 일하는 분에게는 문득 고개를 들었을 때 '왠지 모르게 기분 좋아지는' 꽃들이 시선에 머물도록 장식해드렸습니다.

　또 정신없이 바쁜 나날을 보내는 분에게는 플라워 데커레이션을 어렵게 느끼지 않고 하나의 습관으로 자리 잡을 수 있도록 했습니다. 아침에 세면대에서 세수한 뒤 꽃병의 물을 갈아주고 주변을 가볍게 닦으면서 청소도 하게 되는 식으로 말이지요.

이 책에서는 각자 집에 있는 화기花器를 사용했습니다. 신기하게도 그릇에 꽃 한 송이를 꽂기만 해도 금세 공간 속에 녹아 들어 일상의 일부가 됩니다. 집에 있는 물건을 사용하면 그 사람다운 데커레이션이 완성된다는, 새로운 발견이기도 했습니다.

이 책에서 만난 사람들에게 공통적으로 던진 질문은 "당신이 좋아하는 꽃은 무엇인가요?"였습니다. 우선 그 꽃을 한 송이, 일상 속에 들여오는 일부터 시작해보는 것도 나쁘지 않지요. 독자 여러분도 이 책을 계기로 각자 자신의 '일상에 어울리는 꽃'을 발견할 수 있다면 좋겠습니다.

히라이 가즈미

Contents

A
LIFE
W/
FLOWERS

at
YUKIKO ISHIMURA

꽃은 일상의 풍경을 만든다

생활 속에서 꽃을 빼놓을 수 없다고 하는 이시무라 유키코 씨.
그의 집을 찾아가 싱그러운 꽃으로 꾸며주었습니다.
그러자 새삼 보이기 시작한 건,
꽃에 대한 열정과 자신이 소중히 여기는 것들이었습니다.

Visiting the place of Yukiko Ishimura,
in one day that the green and flowers were shining.

flower
산수국

flower vase
유리 공예가 피터 아이비의 유리컵

situation
다이닝 테이블

flower
아네모네

flower vase
유백색 컵

situation
다이닝 체스트

그 모습 그대로 소중하게

아무리 멋지게 어레인지한다 해도, 꽃은 자연에 피어 있는 모습이 가장 아름답다.
꽃꽂이의 첫걸음은 그 꽃의 자연 그대로의 모습 속에 있다.

flower
클레마티스(웨셀턴)

flower vase
유리 공예가 츠지 가즈미의 카라페 물병

situation
창가 테이블

빛과 바람을 느끼다

창문을 통해 들어오는 빛은 꽃의 색을 부드럽게 감싸준다.
산들산들 바람에 흔들리면, 서로 속삭이듯 그림자도 아른아른.
꽃은 빛과 바람으로 만들어진다.

깨끗한 그리고 신선한

아침에 일어나 가장 먼저 꽃을 만나게 되면 기분이 좋다.
신선한 공기가 공간을 깨끗하게 정돈해,
마음도 맑아지는 느낌이다.

flower
로즈제라늄
시나몬바질
타임
로즈메리
체리세이지
페퍼민트
해변로즈메리

flower vase
도예가 안도 마사
노부의 도기 피처

situation
세면대

flower
가쿠우츠기
스피카타히어리
들국화
물망초
제라늄
닭의장풀
정향풀

flower vase
도기 볼

situation
현관 체스트

계절의 변화와 함께

계절이 오고 감을 느끼는 일은,
바쁜 일상 중에 잠시 멈추어 서서
귀 기울이는 것의 소중함을 일깨워준다

꽃 이름을 알다

꽃을 일상에 들여오는 것.
그 시작은 꽃의 이름을 아는 것부터이다.
우선은 상대방에 대해 알아야 한다는,
꽃이 가르쳐준 소중한 가르침.

flower
(오른쪽부터)
실라
수선화
클레마티스(웨셀턴)
산수국
크리스마스로즈
비올라
제라늄
클레마티스 덩굴
크리스마스로즈
산수국
아네모네
실라

꽃과 함께 생활하기

매일 보내는 시간,
매일 거하는 장소.
그런 장면을 머릿속에 그리며
눈에 비칠 풍경에 꽃을 장식한다.
꽃이 있어야 할 곳은
평범한 하루하루의 일상 속이다.

flower
(뒤)
나무딸기
클레마티스
(앞)
수레국화
캐모마일

flower vase
유리 화병(뒤)
도예가 우치다 고이치의
그릇(앞)

situation
키친 카운터

일상의 작은 행복

좋은 일이 있었던 날도,
　　　　　　　　그렇지 않은 날도,
꽃을 장식해본다.
꽃이 당신의 마음에 다가와줄 테니.

flower
실라
클레마티스 덩굴

flower vase
앤티크 유리그릇

situation
다이닝 테이블

푸르른 신록의 봄, 나라

이시무라 유키코石村由起子 〈구루미노키〉 대표
나라에서 카페 겸 잡화점 〈구루미노키〉, 레스토랑 겸 갤러리 〈아키시노노모리〉를 경영하고 있다. 2015년에는 나라마치에 레스토랑 '시카노후네(사슴의 배)'를, 도쿄 시로가네다이에 카페 〈도키노모리(시간의 숲) LIVRER〉를 오픈했다. http://www.kuruminoki.co.jp/

"이런 곳에 정향풀 꽃이 피어 있네요!"라고 히라이가 말하자, 이시무라는 "이 닭의장풀 꽃도 예쁘죠?"라고 답한다. 〈구루미노키(호두나무)〉, 〈아키시노노모리(아키시노의 숲)〉 등 인기 카페 및 레스토랑을 운영하는 이시무라. 그 시작은 언제나 꽃이었다고 한다.

"전업주부 시절 매일 지나는 길가에 낡은 건물이 있었는데, 그 정원에 수국이 예쁘게 피어 있었어요. "가지 하나만 얻을 수 있을까요?"라며 들어간 곳이 지금의 〈구루미노키〉 건물이었죠. 〈아키시노노모리〉는 직접 나무와 식물을 골라 직원들과 하나하나 심었답니다."

이번에는 그의 정원에서 딴 화초를 중심으로 데커레이션하기로 했다.

"둘 다 청초한 야생초를 좋아하고, 과일나무를 좋아하고, 무엇보다 직접 식물을 기르는 것을 좋아해요. 그렇기 때문에 발견할 수 있는 꽃의 모습이 있어요. 이시무라 씨의 식물에 대한 생각을 듣고, 그 생각을 공유해주셨다는 사실이 가장 기뻤어요"라고 히라이는 말한다.

이시무라는 어릴 적 할머니와 함께 지내는 일이 많았다고 한다.

"요리를 잘하셨던 할머니께서는 '유키코, 가서 레몬 좀 따올래?'라고 종종 심부름을 시키셨어요. 그게 제 역할이었죠."

지금은 가게를 경영하는 한편 전국 각지의 작가들과 만나거나 지역 커뮤니티 개발, 상품 개발 등에 힘쓰며 바쁜 나날을 보내고 있다. 그런 이시무라를 위해 히라이는 가장 긴 시간을 보내는 주방과 세면대, 현관 등 평범한 일상의 공간에 조금씩 꽃을 장식했다.

"꽃에게서 받는 힘은 내일로 향하는 힘"이라고 말하는 이시무라. 두 사람의 눈에는 소담하게 꽂힌 꽃의 저편에, 이 꽃이 이곳에 오기까지 거쳤던 생명의 여정이 보이는 듯했다.

MASAKO ITO

이토 마사코

취향이 확실하고,
나긋나긋하면서도 우아한 기품을 겸비한 이토 마사코 씨.
그를 위해 절제된 느낌의 시크한 플라워 데커레이션을 선물했습니다.

Stylist

좋아하는 공간이기에 꽃으로 꾸민다

flower
(상단 오른쪽부터)
루코코리네
클레마티스(벨오브워킹)
작약

(중단 오른쪽부터)
산수국(베니츠부키)
클레마티스(바이올렛벨)
아네모네

(하단 오른쪽)
불두화
크리스마스로즈(포아티두스)
클레마티스(더치스오브에딘버러)

(하단 왼쪽)
오니소갈럼

flower vase
(상단 오른쪽부터)
유리 공예가 츠지 가즈미의 유리컵
츠지 가즈미의 유리그릇

(중단 오른쪽부터)
도기 화기
와인잔
피처

(하단 오른쪽부터)
앤티크 데시케이터
디캔터

situation
거실 벽면

딥 블루 컬러의 벽에 포인트가 되도록 거실 벽면의 드링크 코너에는 흰색·보라색 꽃과 잎 소재를 데커레이션.
꽃을 장식하면 청소를 꼼꼼히 하게 된다는 점도 좋다.

꽃잎이 떨어지는 모습까지도
앤티크 그릇과 함께 즐기다

flower
장미(브라운스카프)

flower vase
프랑스제 앤티크 림 접시

situation
거실의 낮은 테이블

프랑스제 앤티크 그릇에 이토가 주워온 하얀 돌맹이를 담아 꽃을 고정시키는 데 사용했다. 꽃잎이 지는 순간의 장미를 연출. 낮은 테이블이므로 위에서 내려다보는 시선으로 장식했다.

flower
알리움(드럼스틱)

flower vase
북유럽제 앤티크 병

situation
침실

flower
작약
핑크재스민

flower vase
유리 공예가 츠지 가즈미의 유리그릇

situation
현관

방 깊숙이 시선을 이끄는 꽃

'침실에는 늘 꽃을 둔다'는 이토. 줄기의 움직임이 독특한 꽃을 심플하게 어레인지했다. 방 안쪽이나 복도 끝 등 막혀 있는 공간에 꽃을 장식하면 시선이 자연스레 이동하여, 방 전체의 공기감에 움직임이 생긴다.

가장 좋아하는 꽃은 현관에

현관에는 이토가 가장 좋아하는 작약을 장식. 작약은 향기롭기 때문에 문을 열고 들어섰을 때 기분이 좋아진다. 셰이커박스를 사용하여 한 단 높은 위치에 장식하면 시선이 가까워져 더욱 예쁘다.

flower
애기라일락

flower vase
유리 공예가 츠지 가즈미의 유리그릇

situation
거실

벽을 캔버스처럼

사실 이 가벽의 뒤편에는 그릇이나 책을 수납하는 선반이 있다. 가벽은 자
질구레한 수납 공간을 가리는 동시에 거실의 캔버스로도 활용할 수 있다.
하얀 벽의 면적이 넓으므로 큼직한 애기라일락으로 그림을 그리듯 어레인
지했다.

flower
스피어민트
나츠메제라늄
라벤더
바질
보리지

flower vase
이딸라의 피처

situation
욕실

욕실에는 허브 향을 은은하게

어머니의 정원에서 민트를 따왔다고 하는 이토. "모히토에 넣어볼까 해서
요"라며 웃는다. 히라이는 그중 일부를 자신의 정원에서 기른 허브와 함께
욕실에 장식했다. 손길이 닿을 때마다 싱그러운 향이 퍼져나간다.

어느 봄날, 히라이는 봄꽃을 품에 안고 새롭게 이사한 이토의 아틀리에로 찾아갔다. 지어진 지 50년 된 빈티지 건물은 호박색 바닥에 원목 문, 직물 벽지 등 세월을 거치며 더욱 멋을 더하는 소재로 이루어져 있어, 시크하고 차분한 분위기가 느껴진다. 거실에 들어서자 딥 블루 컬러의 벽과 선반이 가장 먼저 눈길을 끈다.

"지금까지는 내부를 흰색으로 통일한 집에 살았었는데, 이번에는 벽을 짙은 색으로 칠해봤어요."

바로 식탁에 가져가 사용할 수 있는 유리컵 등을 모아 드링크 코너를 만들었다고.

히라이는 이 공간을 아네모네와 작약, 클레마티스 등으로 아기자기하게 장식했다.

"늘 시선이 가는, 좋아하는 공간에 꽃을 꽂아보세요. 꽃은 일상에 색채를 더해주니까요."

사실 스스로 꽃을 사는 일은 많지 않다는 이토지만 "저는 작약이 좋아요"라며, 좋아하는 꽃은 확실히 알고 있다.

"이토 씨는 좋아하는 걸 직감적으로 찾아내는 능력이 있어요. 같이 북유럽을 여행했을 때 플리마켓에서 저는 이걸 살까 저걸 살까 망설이고 있는데, 문득 눈을 들어보니 이토 씨는 이미 살 물건들을 팔에 한 가득 안고 있었죠. 항상 좋아하는 것들에

둘러싸여서 행복한 생활을 즐기는 분이에요."

그릇에 관해서도 마찬가지다. 이토는 "양손으로 들어야 할 정도의 큼직한 유리컵이나 세면볼 같은 화이트 앤티크 그릇도 갖고 있어요. 저는 아무래도 큰 것을 좋아하나 봐요"라고 말한다.

그 오래된 흰 그릇에 히라이는 만개한 장미를 흘러내리는 듯한 느낌으로 담았다.

"장미는 물이 부족하면 금방 시드는데, 짧게 잘라서 그릇에 넣으면 실패할 확률이 적어요. 게다가 활짝 핀 장미는 한층 향기가 좋지요."

이따금씩 꽃을 살 때는 한 종류만 사서 잔뜩 꽂는다는 이토의 이야기를 듣고, 히라이는 거실에 애기라일락 가지를 내추럴하게, 욕실에는 이토가 어머니의 정원에서 따온 스피어민트를 산뜻하게, 현관에는 옅은 핑크의 작약을 소담하게, 각 공간에 맞춰 데커레이션했다.

"가장 좋아하는 꽃이 무엇인지를 묻고 그 사람의 일상 공간을 꾸미는 건 무척 행복한 일이에요. 꽃은 누군가를 기쁘게 하는 데 가장 좋은 선물이라는 사실을 다시 한 번 깨닫게 되었습니다."

TARSEN &KAORI HIKITA

히키타 다센·가오리

새로운 보금자리로 갓 이사한 히키타 부부.
그 심플한 공간에는 청초한 클레마티스부터 화려한 장미까지,
어떤 꽃이나 식물도 어우러질 듯합니다.

Gallery fève / Dans Dix ans

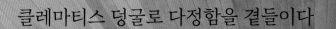

클레마티스 덩굴로 다정함을 곁들이다

flower
클레마티스(파스텔블루)
파부초

flower vase
유리 공예가 츠지 가즈미의 유리병

situation
거실 장작난로 위

키 큰 유리병에 유연한 성질의 덩굴식
물을 꽂으면, 높이감을 드러내지 않고
장식할 수 있다. 흘러내리는 듯한 실루
엣은 안쪽 주방과 앞쪽 거실의 공간을
자연스럽게 나눠주는 역할도 한다.

유리 화기는 그릇 속도 데커레이션

키친 카운터 위에는 입구가 넓은 그릇에 꽃사과 가지를 담는다. 투명한 유리 화기는 그릇 안쪽도 데커레이션. 사과 열매가 담겨 있는 모습이 사랑스럽다. 잎과 열매가 물에 잠기지 않도록 주의하자.

현관의 플라워 데커레이션은 계절감을 드러내는 것이 중요. 여러 종류의 가을 꽃을 조금씩 사용하여, 눈길을 확 사로잡기 보다는 강렬했던 여름을 비우고 덜어내는 가을의 풍경이 느껴지도록 했다.

가을빛으로 변해가는 바깥 풍경을
현관에도 연출

만개한 장미는 떨어진 꽃잎까지도
풍경의 일부가 된다

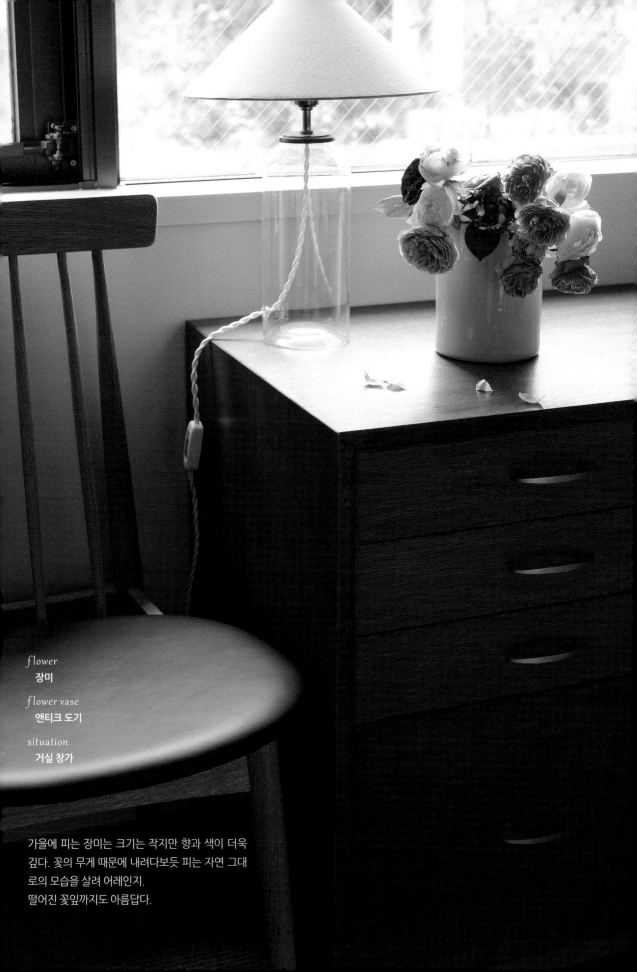

flower
장미

flower vase
앤티크 도기

situation
거실 창가

가을에 피는 장미는 크기는 작지만 향과 색이 더욱 깊다. 꽃의 무게 때문에 내려다보듯 피는 자연 그대로의 모습을 살려 어레인지. 떨어진 꽃잎까지도 아름답다.

flower
월계수
티트리
유칼립투스(폴리안서모스)
목형
허니서클

flower vase
마끈

situation
침실 벽

침실에는 허브를 스웨그로 만들어 장식

옷을 거는 후크까지 타협하지 않는 디자인이 인상적. 이를 활용하여 산뜻한 향기의 허브로 스웨그를 만들었다. 방문을 열었을 때 향기가 느껴져 마음이 편안해지고 건조된 뒤에도 즐길 수 있다.

flower
장미

flower vase
앤티크 도기

situation
거실 창가

상록식물 가지로 릴랙싱

욕조 옆 공간을 활용하여 꽃을 장식하는 것도 제안. 깊이가 얕은 그릇의 테두리에 눕히듯 담으면 욕조에 몸을 담갔을 때의 시선과 같은 높이가 된다. 오래 두고 볼 수 있도록 상록식물의 가지를 사용. 하얗고 자그마한 꽃에 기분이 따뜻해진다.

"다센 씨와 가오리 씨는 제가 동경하는 부부예요"라고 말하는 히라이.

그들 부부가 2016년에 이사한 집을 찾아갔다.

지은 지 18년 된 콘크리트 구조의 3층 주택을, 가구회사 〈스탠다드 트레이드 Standard Trade〉의 와타나베 겐이치로 대표가 리모델링했다.

1층은 칸막이를 철거하여 하나의 널찍한 공간으로 만들고 벽에 화이트 그레이의 규조토를 발랐다. 천장은 원목으로 덮었으며, 바닥에는 린넨 울 소재의 카펫을 깔았다. 이로써 세련되고 아늑한 공간이 완성되었다.

워커홀릭 직장인이었다는 다센은 50세에 과감히 회사를 그만두고, '평범한 일상을 조금 더 근사하게 만들어주는 갤러리를 열고 싶다'고 결심한 후 '매일 맛있는 빵을 제공할 수 있는 베이커리를 열고 싶다'라는 아내와 〈갤러리 페브 Gallery feve〉, 베이커리 〈단디종 Dans Dix ans〉을 오픈한다. 지금으로부터 14년 전의 일이다.

좋은 물건을 접할 기회가 많을 텐데도 부부의 집은 놀라울 정도로 간결하다.

"새로운 물건이 들어올 공간을 늘 확보해두고 싶어서 여백을 남기고 있어요"라고 말하는 가오리.

히라이는 "처음 왔을 때 '이곳에 과연 꽃을 장식할 수 있을까?'하는 걱정이 들었어요. 아무것도 없는 상태로 이미 균형이 잡혀 있었거든요. 하지만 곧 '가지런히 정

돈되어 있기 때문에 오히려 꽃으로 분위기를 좀 더 부드럽게 만들 수 있겠다'고 생각했죠"라고 말한다.

가오리의 주문은 '좋아하는 유리 공예가 츠지 가즈미의 유리병을 사용해주었으면' 하는 것.'

"형태가 아름다워서 줄곧 유리병만 장식해뒀어요. 저는 예쁘게 꽃을 꽂을 수 없어서요."

이에 히라이는 파부초와 클레마티스를 흘러내리는 듯한 느낌으로 장식.

"덩굴식물은 유연한 움직임으로 공간을 자연스럽게 나눠준답니다."

그 외에 부엌에는 꽃사과를, 현관에는 가을 식물을 어레인지했다. 또 식물 애호가인 다센이 정원사와 상담하여 직접 꾸몄다고 하는 집 주변 풍경과 실내가 연결되도록, 창가에는 장미를 장식했다.

그는 "히라이 씨의 꽃은 인위적이지 않은 자연 그대로의 모습이에요. 그래서 원래 그 자리에 존재했던 것처럼 일상에 녹아 듭니다"라고 말한다.

부부의 집은 그들의 인품을 닮아, 어떤 장식도 받아들일 수 있는 넉넉한 마음을 가지고 있는 듯했다.

KEIKO&
TSUNEHISA
GUNJI

군지 츠네히사 · 게이코

꽃이 아닌 그릇을 고르는 것부터 시작할 때도 있습니다.
'이 그릇에는 어떤 꽃이 어울릴까?'
그런 상상을 펼쳐보는 것도 즐거운 일이지요.

Potter

커다란 창이 있는 공간에는 대담한 데커레이션을

flower
**개다래나무
달리아
힐리앤서스
미국자리공
스피카타히어리
참억새
새콩**

flower vase
군지 츠네히사의 백자 항아리

situation
아틀리에 작업대

붉은색·노란색의 달리아 등 초여름 꽃 특유의 선명한 색감을 살리면서, 개다래나무 등 큼직한 가지를 더해 대담하게 어레인지했다. 커다란 창이 있는 공간에는 대형으로 화초를 장식해도 압박감이 없다.

햇살이 통과하는 길목에서
투명하게 빛나는 유리 화기

flower
달리아
로터스브림스톤

flower vase
프랑스제 앤티크 유리병

situation
작업실 창가

이곳은 게이코의 작업실 책상 앞. 달리아의 짙은
핑크와 앤티크 유리병의 블루 컬러가 서로를 부각
시켜. 보는 이의 눈길을 사로잡는다. 창틀을 액자
삼아 연출하여 한 폭의 그림과도 같은 데커레이션
이 완성되었다.

유색 화기에는
같은 계열 색의 꽃을 장식.
차분하게 공간에 녹아 든다.

flower
산수국
국수나무

flower vase
군지 츠네히사의 청자 항아리

situation
다이닝 테이블

청자 화기에 같은 블루 계열의 수국을 장식. 유약을
칠한 유색 화기의 경우. 같은 계열 색의 꽃을 꽂으면
너무 튀는 일 없이 공간 속에 어우러진다. 다소 높이
감이 있어도 벽 쪽에 두면 차분한 느낌이다.

그곳에 있는
도구와 함께.
꽃은 일상에
녹아 든다.

flower
달리아
미꾸리낚시

flower vase
차이 컵

situation
주방 창가

냄비받침 등 생활 도구가 있는 공간
에 꽃을 무심하게 툭, 꽂아둔다. 그
것만으로도 꽃은 일상의 일부가 된
다. 자연 그대로의 모습에 가까운 달
리아는 노지재배한 것으로, 가녀린
줄기가 상냥한 느낌이다.

여름 식물을 장식할 때는
물도 어레인지먼트의
한 부분

flower
준베리
나무딸기

flower vase
군지 츠네히사의 그릇

situation
거실 선반

선명한 초록색·붉은색의 조합이 아름다운 준베리
에 한 톤 연한 산딸기 잎으로 그라데이션을 연출.
수면을 넓게 어레인지하면 물이 시선에 들어와 청
량한 느낌의 여름 데커레이션이 된다.

flower
수국
사위질빵

flower vase
앤티크 접시

situation
현관

현관에는 넓적한 접시를 사용하여 여름 리스를

넓적하고 얕은 접시 가운데에 전등갓이었던 앤티크 유리를 올리고, 그 주변
을 수국과 사위질빵으로 둘렀다. 츠네히사가 베이징에서 구입했다고 하는
토기와 게이코가 아끼는 작은 새 소품도 함께 장식.

flower
준베리

flower vase
유리컵

situation
아틀리에 창가

꾸밈 없는 자연 그대로의 모습을 그리다

햇볕이 가장 잘 드는 창가에서 낮잠을 즐기고 있는 반려견 '치요'. 그 앞에
준베리 가지를 살포시 꽂아 보았다. 가지치기를 하면서 떨어진 것들 중에
독특한 모양의 가지를 주워, 자연 그대로의 모습으로 장식했다.

"지인이 운영하던 그릇 가게에서 처음으로 군지 씨의 작품과 만났어요. 합동 전시회에 꽃을 장식해드린 적도 있었고요. 이번에는 두 분의 새로운 집에 찾아가게 되어 무척 설렜답니다."

군지 부부는 10년 이상 도치기 현 아시오 시에서 살았었는데, 당시에는 수도 시설도 없어 강에서 물을 길어다 생활했다고 한다. 그러다 2016년 마시코 마치에 새롭게 집을 지어 이사했다.

"두 분은 일상을 보낼 때나 작품을 만들 때나, 늘 자연을 생각하고 있다고 느껴요. 자연에게서 받은 영감을 살리는 삶의 자세는 제가 하는 일과도 어딘가 연결되어 있는 것 같아요"라고 히라이는 말한다.

도공이었던 부모님 밑에서 자란 남편 츠네히사는 도치기 현의 한 도자기교실을 거쳐 독립. 아내 게이코는 미술대학에서 유화를 공부하고 레스토랑에서 근무한 후 도예를 시작했다. 지금은 츠네히사가 흙반죽을 성형하고 게이코가 그림을 그려 넣는 등 두 사람이 함께 작품을 만들고 있다.

"두 분을 알기 전에 구입했던 그릇들을 보니 대부분 군지 씨가 만들었던 것이었어요. 놀라운 건 청자, 백자, 일본 전통 도기 등 작품이 대단히 다채롭다는 점에

요. 전시회에 갈 때마다 너무 즐거워요."

새로운 단층집은 작업 공간과 생활 공간이 맞붙어 있는 구조이다.

"문을 열면 바로 일을 시작할 수 있도록 하고 싶었어요"라는 츠네히사.

바람이 잘 통하고 빛이 잘 들어, 안과 밖이 일체가 된 느낌이다.

"이번에는 군지 씨가 만든 커다란 항아리에 초여름 꽃을 담고 싶었어요. 꽃이 아닌 그릇에서 시작할 때도 있지요. '어떤 꽃이 어울릴까?'라고 고민하는 것 또한, 꽃꽂이의 즐거움이라고 생각해요."

이렇게 말한 히라이는 달리아와 힐리앤서스 등 선명한 색의 초여름 꽃을 내추럴하게 어레인지했다.

군지 부부는 오래된 물건을 좋아한다. 베이징에서 발견했다고 하는 토기나 앤티크 유리그릇, 작은 새 장식품. 그런 세월을 거친 물건과 '지금' 피어난 꽃이 만나, 시간의 흐름이 하나로 연결된 느낌이다.

정원에 식물을 심거나 산책을 하면서 시시각각 변하는 사계절의 자연을 바로 곁에서 느낀다. 그런 일상 속에서 만들어지는 그릇이기에, 꽃과 어우러져 하나의 풍경이 완성되는 건지도 모른다.

KIMIKO HIYAMIZU

히야미즈 기미코

요리 연구가로서 집에서 일하는 경우가 많은 히야미즈 씨.
그에게 싱그러운 초봄의 숨결을 선물하기로 했습니다.
청아한 툴립과 수선화가 바깥의 공기를 가져다 줄 것입니다.

Food Coordinator

flower
튤립(폴리크로마)
하덴버지아
갤럭시잎
침엽수(블루아이스)
삼나무 잎
인동덩굴

flower vase
넓적한 앤티크 접시

situation
현관

겨울에서 봄으로 변해가는
풍경을 접시 위에 담는다

접시 위에 물을 담고 겨울의 추억을 간직한 삼나무와 인동덩굴 사이로 봄의 정취를 느낄 수 있는 튤립이 엿보이도록 어레인지.
구근이 달려있는 튤립은 절화切花보다 오래도록 즐길 수 있다. 삼나무 잎은 꽃을 고정시키는 역할도 맡는다.

작은 유리그릇에 구근화를
리드미컬하게 어레인지

flower
(오른쪽부터)
무스카리
히아신스
무스카리
갈란투스
수선화
히아신스
크로커스
히아신스

flower vase
피처
와인잔
유리컵
보존 용기
빈 병 등

situation
주방 작업대 위

뿌리가 보이는 유리그릇으로 구근화를 즐기는 데커레이션. 구근은 물에 닿으면 쉽게 썩으므로 아래 뿌리 부분만 잠기도록 물의 양을 조절한다. 유리컵 입구에 가지를 걸치거나 샴페인 코르크 스토퍼를 이용하는 등 구근을 위에 올려 장식해도 예쁘다.

flower
(오른쪽)
순무
홍심무
자색당근
자색무

flower vase
나무 접시

situation
키친 테이블

뿌리채소는 자연 모습 그대로 탐스럽게

히야미즈가 사는 가마쿠라에서는 독특한 뿌리채소가 많이 재배되고 있는
데, 색과 형태가 모두 아름답다. 나무 접시에 담아 조리대 위에 올려두면 눈
으로 먼저 맛보는 소박한 장식이 된다.

flower
(오른쪽)
춘란
(왼쪽)
하덴버지아

flower vase
화분

situation
거실 창가

창가에는 우아한 분위기의 화분을

창가에 매단 풀고사리와 가운데 화분은 원래 히야미즈의 집에 있던 것. 너무 튀지 않도록 꽃이 초록색인 춘란과, 시크한 보랏빛의 하덴버지아 화분을 곁들였다. 높낮이 차이로 율동감이 느껴진다.

flower
(오른쪽부터)
로즈메리
스피어민트

flower vase
유리컵

situation
주방 창가

뿌리 끝까지 즐기는 허브

요리에서 사용하고 남은 허브를 꽂아두면 줄기로부터 뿌리가
자라나기도 한다. 민트나 로즈메리는 특히 뿌리가 나기 쉬워
수경재배처럼 즐길 수 있다. 뿌리가 쑥쑥 자라는 모습을 지켜
보는 것도 하나의 재미이다.

계절 꽃을 더하여
꽃의 풍경을 변화시킨다

flower
버드나무 가지(레드윌로우)
실화백
단풍철쭉
미모사(황금아카시아)
올리브
목련

flower vase
앤티크 피처

situation
다이닝 테이블

가장 키가 큰 버드나무 가지는 물에 담가두면 자연
스레 뿌리가 자라나 오래도록 즐길 수 있다. 이를
중심으로 계절 꽃을 조금씩 바꾸며 식탁 위의 풍경
을 변화시켜보자.

히야미즈가 오사카의 아파트 베란다에서 길러온 식물들과 함께 가마쿠라로 이사한 것은 약 8년 전의 일이다. 지금도 집안에는 자유롭게 잎을 펼치고 있는 박쥐란이나 매년 변화무쌍하게 열매를 맺는 무화과 등, 이곳저곳에서 식물들이 자라고 있다.

"혼자 살기 시작했을 때부터 조금씩 식물을 모아왔어요. 어머니가 정원 가꾸는 일을 좋아하셔서 부모님 집은 온통 초록색으로 뒤덮인 느낌이랍니다. 그런데 어머니와는 달리 저는 식물을 돌보는 데는 서툴러서, 여기에 있는 것들은 사실 보살핌 없이 제멋대로 자라고 있을 뿐이에요."

"그렇게 너무 애쓰지 않는 자세를 식물은 오히려 편안하게 받아들이고 있을 거예요. 사람의 경우도 마찬가지지요. 히야미즈 씨 주변에는 자연스레 사람들이 모이잖아요."

대학을 졸업한 뒤 회사에 들어갔지만 '내 길이 아니다'라고 느껴 그만두고, 미국 로스앤젤레스로 떠났다. 귀국 후 푸드 코디네이터 과정을 밟은 히야미즈는 지인의 레스토랑 오픈을 돕거나 케이터링으로 요리를 배달하는 일을 했다. 그러다 촬영 현장에 도시락을 제공하면서 잡지 에디터와 인연이 닿아 요리 페이지를 담당하게 되

었다고.

"저는 뭐든 흘러가는 대로 맡기는 식이에요"라며 웃는다.

투룸 아파트에서는 하루의 대부분을 주방에서 보낸다. 레시피를 연구하거나 촬영을 하거나, 때로는 사람들을 초대하여 파티를 열기도 한다. 그런 공간을 위해 히라이가 선택한 것은 아직 쌀쌀한 초봄에 꽃을 피우는 뿌리식물이다.

"히야미즈 씨는 무척 강인한 분이에요. 싹이 트기 직전의 식물처럼, 다양한 것들을 내면에 단단히 쌓아두고 있는 느낌. 그래서 요리에도 결코 흔들리지 않는 중심이 있어요. 맛을 만들어내는 '뿌리'가 튼튼하다고 할까요?"

포트 모종으로 판매되고 있는 구근 히아신스나 무스카리는, 뿌리에 붙어 있는 흙을 물로 잘 씻어내 유리컵 등에 넣으면 뿌리까지 즐길 수 있다.

"절화보다 오래 볼 수 있고 생명의 약동이 느껴져요"라고 히라이는 말한다.

또한 요리에 사용할 뿌리채소는 예쁘게 담아 눈으로 먼저 맛본다.

"너무 화려하지 않은 자연 그대로의 모습이 히야미즈 씨의 공간에 어울려요. 심지가 단단하고 올곧은, 그러면서도 자유로운 성격에 어울리지요. 그 사람에 대해 좋다고 생각하는 부분을 머릿속에 그려보면 장식할 꽃이 자연스레 떠올라요."

YUKARI OSADA

오사다 유카리

꽃을 공간의 배경으로서 큼직하게 장식하거나,
유리컵 혹은 바구니 등의 잡화를 사용하여 오밀조밀 장식합니다.
관점이 다른 플라워 데커레이션으로 폭넓게 꽃을 즐길 수 있습니다.

SPOONFUL

공간에 들어섰을 때
그 시선 끝에는 꽃이……!

flower
라넌큘러스(디오네)
일본갈기조팝나무

flower vase
유리 화병

situation
거실

소파 뒤의 선반은 늘 꽃을 장식해두는 공간.
벽에 가까워 넘어질 염려도 없기 때문에 높
은 장식도 가능하다. 거실에 들어섰을 때의
시선을 고려하여 공간 속 균형을 잡는다.

좋아하는 화기와
같은 계열 색의 꽃을

flower
무스카리
프리틸라리아

flower vase
디자이너 카이 프랑크의 피처

situation
거실 창가

오사다가 가장 아끼는 블루 그레이
컬러의 피처에는. 같은 색감의 무스
카리를 프리틸라리아와 함께 장식.
무스카리는 은은한 포도향이 나서
'포도 히아신스'라는 별명이 있다.

투명한 유리그릇에 리스 느낌으로
돌돌돌

flower
핑크재스민
아네모네
라케날리아
프리틸라리아
트리저먼더
툴바기아

flower vase
스웨덴제 유리 스탠드

situation
다이닝 테이블

스웨덴제 유리 스탠드는 가운데에 딥 소스 등을 담는
식기이다. 다리가 있어서 식탁에 높이감이 생긴다.
핑크재스민을 중심으로, 구근화를 리스 느낌으로 끼
웠다.

flower
(오른쪽부터)
튤립(신시아)
실버와틀
비올라
스카비오사
불두화

flower vase
(오른쪽부터)
핀란드제 유리 크리머
디자이너 카이 프랑크의 크리머
덴마크제 스테인리스 크리머
디자이너 스티그 린드베리의 크리머
독일 예나글라스의 크리머

situation
키친 카운터

아름다운 형태의 잡화와 꽃의
앙상블을 즐기다

키친 카운터에는 핀란드제 유리컵과 덴마크제 도기 등, 다양한 나라
및 소재의 크리머가 나란히 놓여 있다. 그런 그릇의 아름다운 형태와
색에 맞춰 작은 봄 꽃을 장식. 식물이 들어감으로써 공간에 리듬감이
생겨 기분도 한층 밝아진다.

flower

조팝나무
미역줄나무

situation

거실 벽

조팝나무의 꽃봉오리를 리스로

기나긴 겨울이 지나고 불어오는 첫 봄바람. 조팝나무 가지의 선으로 그런
느낌을 표현하는 리스를 만들었다. 그대로 건조시켜 오래 두고 볼 수 있는
장식. 미역줄나무를 둥글게 엮은 리스 틀에 가지를 끼워 넣기만 하면 된다.

flower
튤립(플레밍패럿)
나팔수선화

flower vase
바구니

situation
거실 벤치

바구니도 화기로 멋지게 변신

덴마크인 작가가 프랑스의 전통적인 직조 방식으로 제작한 바구니. 그 안에 물을 담은 볼을 넣고 튤립과 수선화를 꽂았다. 바구니 안쪽도 보이기 때문에 예쁜 디자인의 그릇을 선택하는 것이 좋다.

북유럽 잡화를 판매하는 온라인 쇼핑몰 〈스푼풀SPOONFUL〉을 운영하는 오사다. 일 년에 적어도 세 번은 북유럽으로 날아가 그릇이나 잡화를 매입해오고 있다.

잡화를 좋아해 처음에는 라이프 스타일 기업 〈사자비리그Sazaby League〉에 입사한 뒤 바이어로서 유럽 각지를 돌았다. 그러던 중 스웨덴의 스톡홀름을 방문했을 때 그 거리와 현지인들의 다정함, 수공예 등에 매료되어, '북유럽의 라이프 스타일을 전할 수 있는 물건을 국내에 소개하고 싶다'는 생각에 결국 35세에 회사를 그만두고 독 립하기로 한다. 야심 차게 오픈한 숍의 테마 컬러는 노란색이라고.

"북유럽에 가보니 거리 포스터 등 다양한 장소에 노란색이 사용되고 있었어요. 그 게 인상에 남아 제 쇼핑몰의 테마 컬러로 쓰게 됐지요"라고 오사다는 말한다.

이에 히라이는 거실의 주인공인 한스 웨그너의 소파 뒤에, 노란색 라넌큘러스를 우아하게 장식했다.

"'이 사람은 이 색'이라는 이미지가 있다는 건 멋진 일이에요. 북유럽의 겨울은 길 기 때문에 누구나 봄을 무척 기다리고 있을 거예요. 이번에는 그런 기쁨을 노란색 꽃으로 표현하고 싶었어요. 봄은 노란색 꽃으로부터 시작되잖아요. 수선화, 미모사, 민들레, 유채꽃…… 모두 노란색이죠?"

　큼직한 데커레이션을 완성한 뒤에는 오사다가 매입한 작은 잡화들을 빌려 이곳저곳에 꽃을 장식했다. 앤티크 유리 스탠드에는 핑크재스민 덩굴에 아네모네와 라케날리아 등 봉오리를 틔운 꽃을 감아 리스 느낌으로 어레인지. 덴마크 작가의 핸드메이드 바구니에는 유리그릇을 넣어 나팔수선화와 튤립을 담았다.

　"북유럽에서는 봄 꽃이 한꺼번에 피는데, 그런 설렘을 느낄 수 있을 것 같아요"라고 오사다는 말한다.

　"겨울이 길기 때문에 집안에서 사용하는 멋진 잡화가 더욱 많이 탄생한 건지도 몰라요. 컵도 피처도 바구니도, 뭐든지 화기로 사용할 수 있답니다. 소품을 장식하는 감각으로 일상에서 꽃을 즐길 수 있다면 좋겠어요."

　물건 매입부터 홈페이지 관리, 상품 발송까지 '일인다역'으로 활약 중인 오사다. 그렇게 집에서 보내는 긴 시간 동안, 꽃들은 상냥히 다가와줄 것이다.

꽃과 대화를 나누다

마사키 씨의 일상을 꽃으로 꾸며드렸습니다

손님을 초대한 날에는 인원수에 맞게 작은 부케를 만들고 바구니에 담아 식탁에 장식하는 데커레이션을 제안.
손님들이 집으로 돌아갈 때 하나씩 안겨주면 좋은 선물이 된다.
* 꽃: 수국, 크리스마스로즈, 아네모네, 스카비오사, 올리브, 바질

히라이　예전부터 잡지나 책을 통해 마사키 씨가 평소 꽃을 즐기는 모습을 보고 멋지다고 생각했어요. 이렇게 집에 초대받아 정말 기쁘네요. 꽃은 언제부터 좋아하셨나요?

마사키　저는 자연이 풍부한 아키타 현에서 자라서 늘 꽃이 가까이에 있었어요. 어머니가 산에서 꽃을 꺾어와 집에 장식하시곤 했지요. 그 영향인지 도쿄에서 혼자 살기 시작했을 때도 의자 위에 한 송이를 꽂아두고 감상하기도 했고요. 시부야에 좋아하는 카페가 있었는데, 테이블마다 항상 듀라렉스 유리컵에 허브나 작은 꽃이 꽂아져 있었어요. 그걸 집에서 따라 해보기도 했답니다.

히라이　카페에서 힌트를 얻은 거네요?

마사키　그렇죠. 조금 피곤하다고 느끼면 귀갓길에 꽃집에 들러 꽃을 사요. 꽃은 그렇게 저 자신에게 주는 선물 같은 존재예요.

히라이　마사키 씨의 집은 창도 크고 공간이 널찍해서 나뭇가지가 잘 어울릴 것 같아요. 큰 병이나 피처가 많은데 그런 화기를 사게 된 계기가 있나요?

마사키　외국에 나가면서부터예요. 외국에서는 무척 대담하게 꽃을 장식하잖아요? 그게 멋있어서 저도 큼직한 가지를 장식해보니, 마치 나무그늘 아래에 있는 것처럼 포근했어요.

히라이　철제 창틀 같은 것도 꽃을 돋보이게 하는 배경이네요.

마사키　옛날부터 창가에서 식물이 보이는 집을 찾았어요. 예전에 살던 단독주택도 주변이 나무로 빙 둘러싸였었죠. 사실 이 집은 창 밖 외벽이 갈색이었어요. 그게 어둡고 쓸쓸하게 느껴져서 바로 앞에 벽을 세워 하얗게 페인트를 칠했답니다.

히라이　오늘 저는 거실에 걸린 꽃 그림에 맞춰, 라넌큘러스를 중심으로 수국 등을 더해 장식해보려고 해요.

마사키　그림에 맞춘다는 방법도 있네요. 현관은 손님들을 맞이하는 공간이기 때문에 취향을 타지 않는 뉴트럴한 흰색으로 통일했어요.

히라이　그럼 흰색 화기에 하얀 꽃을 한 송이씩 꽂아볼까요?

마사키　좋은 생각이에요. 저는 조금이라도 가까이에 꽃이나 식물이 있으면 힘이 솟아요. 피곤하고 힘들어도 꽃 주변은 역시 부지런히 치우게 되고, 꽃이 있는 공간을 아름답게 유지하려고 하죠.

히라이　맞아요! 저는 그걸 '꽃석이조'라고 불러요. 꽃도 즐기고 청소도 하고.

마사키　일상에서 꽃을 접하고 있으면 '이건 줄기가 약한 꽃이구나' 혹은 '잎은 금방 썩어버리니까 떼어내는 편이 낫겠다', '겨울에는 난방을 피해서 장식하는 것이 좋겠다' 등의 지식도 자연스레 얻게 되죠. 그리고 꽃을 장식하고 있을 때는 저도 모르는 사이 손이 여성스러워지는 것 같아요(웃음). 어느 방향을 향해 꽂으면 예쁠지도 금방 알게 되고요. 그런 센스가 중요하잖아요.

히라이 오늘은 마사키 씨가 좋아할 것 같아서 히아신스도 가져왔어요.

마사키 히아신스 정말 좋아해요. 초봄이 되면 가장 먼저 장식한답니다.

히라이 누군가가 좋아하는 꽃을 알고 있다는 건 행복한 일이에요. 어머니가 좋아하는 꽃을 안다든지 말이죠. 저는 집집을 찾아가 이야기를 나누면서 '그 사람다움'을 발견해내는데, 그런 과정도 꽃꽂이의 일부라고 생각해요. 그 사람이 지나온 시간에 다가갈 수 있길 바라면서요.

마사키 앞으로 더 깊이 꽃에 대해 배워보고 싶어요. 나이 들면서 더 풍성하게 꽃을 즐길 수 있게 되면 좋겠네요. 히라이 씨, 다음에 또 가르쳐주실 거죠?

마사키雅姫 모델, 〈허그 오 워〉 〈클로스&크로스〉 디자이너

인테리어, 패션, 요리 등 다양한 분야에서 뛰어난 센스를 발휘하며, 꽃 애호가로서도 유명하다. 책임편집을 담당하고 있는 〈센스 드 마사키(SENSE de MASAKI)〉를 비롯하여 저서 다수. 매일의 소식은 인스타그램(@mogurapicassowols) 혹은 허그 오 워 홈페이지(http://www.hugowar.com)를 참조.

현관은 일부러 개성을 드러내지 않고
심플한 순백의 공간으로

흰색의 작은 화병을 나란히 놓고 하얀 꽃을 한 송이씩 꽂았다. 절제된 느낌이면서도 인상적인 공간으로 완성.

* 꽃:　(오른쪽부터) 클레마티스, 장미(그린아이스), 그린벨, 튤립 꽃봉오리, 튤립, 클레마티스
　화기: 흰색 도기 화병
　장소: 현관

계절의 선물로 장식하는
평범한 날과 특별한 날

같은 장소라도 꽃에 따라 공간은 변한
다. 위 사진은 평소 걸어두는 그림에
맞춰 라넌큘러스를 중심으로 장식한,
부드러운 분위기의 데커레이션이다.
아래 사진은 새해 맞이 꽃꽂이. 청초
한 분위기의 하얀 동백꽃을 꽂고, 옻
쟁반에는 석송을 둥글게 말아 올린 뒤
전통 장식끈을 곁들였다.

(아래)
소재: 동백꽃, 석송
화기: 옻 쟁반, 유리 화기
장소: 모두 거실의 식기 선반 위

드라이 플라워를 덩굴에
꽂기만 하면 리스로 변신

해바라기와 수국을 드라이 플라워로
만들어 앤티크 유리병에 넣은 마사키
의 데커레이션(오른쪽 사진). 이 드라이
플라워를 둥글게 만 덩굴 위에 꽂으
면 미니 리스가 완성된다. 연푸른색
의 앤티크 판자에 올려 식기 선반 위
에 장식했다.

*꽃: 해바라기, 수국, 계요등
장소: 거실 선반 위

YUKIKO GOTO

고토 유키코

약 50년 된 구옥에서 가족끼리 오손도손 낮은 테이블에 둘러 앉습니다.
소중한 시간을 차곡차곡 쌓아가는 고토 씨의 일상에, 꽃을 살짝 곁들여 보았습니다.

hal

flower
달리아
마운틴민트
스피어민트
아마란서스
여뀌
불두화(콤팩타)

flower vase
대형 온타야키 볼

situation
거실

붉은 꽃의 강한 인상을
부드럽게 만들어주는
어레인지먼트

둥근 테이블은 고토 가정의 일상의 중심이다.
붉은 달리아만 장식하면 인상이 너무 강하므
로, 허브나 야생화를 더해 톤을 낮춘다. 여름의
붉은 꽃은 더위를 날려버릴 수 있는 힘을 준다.

죽세공 바구니에
부드러운 야생 초목을 담아
가을의 서막을 열다

*f*lower
**화살나무
미국자리공
참억새**

*f*lower vase
**아나쿠보 나미 작품
이와테 현 도리고에
지방의 조릿대 바구니**

situation
서재 책상

flower
(오른쪽부터)
페루꽈리
블랙베리
도둑놈의갈고리

flower vase
(오른쪽부터)
삼각 플라스크
유리 볼
화병

situation
거실 벽

장식장에는 열매 달린 식물을 소담하게

거실 벽의 장식장에는 페루꽈리와 도둑놈의갈고리 등 열매 달린 식물을 배치하여 가을 풍경을 연출했다. 화병이나 삼각 플라스크 등 유리 소재를 사용하면, 인상이 무겁지 않아 주변 잡화와도 잘 어우러진다.

곧게 뻗은 가지를
기분 좋게,
여유로운 느낌으로
장식

flower
국수나무
클레마티스(백려)
피

flower vase
앤티크 유리 보존병

situation
현관

여름 동안 한 뼘 키가 자란 식물을 그대로 곧게 꽂는
다. 여기에 클레마티스 등의 덩굴을 더하면 이미지
가 한층 부드러워진다. 일상 도구를 주변에 함께 장
식함으로써 공간에 잘 어우러지는 데커레이션이 완
성된다.

초록빛 열매로 가을의 정취를 불러들이다

열매가 아직 자색으로 물들지 않은 으름덩굴을 사용하여 초가을의 풍경을 표현했다. 왼쪽에는 앤티크 강아지 인형을, 오른쪽에는 서류 등이 들어 있는 바구니를 함께 장식. 일상의 공간에 가지 하나를 더하는 것만으로도 계절감을 느낄 수 있다.

flower
으름덩굴

flower vase
앤티크 물병

situation
거실 코너

주방에는 나를 위한 꽃을

주방에는 카라페에 백일홍을 세 송이만 꽂아 심플하게. 유채색 꽃을 장식함으로써 주변이 한 순간에 밝아졌다. 자신을 위한 꽃을 장식하면 늘 반복되는 주방일이 새롭게 느껴질 것이다.

flower
백일홍

flower vase
카라페 물병

situation
주방

"고토 씨를 생각하면 빨간색이 떠올라요. 평소에는 흰색, 회색, 남색 등 수수한 색의 옷을 입으시지만, 타탄체크 스커트나 'n100'의 캐시미어 머플러, '존스메들리'의 가디건도 빨간색이죠. 차분하면서도 눈길을 확 사로잡는, 원숙미 넘치는 빨간색을 멋지게 소화하신다고 느꼈어요. 그래서 이번에도 가장 먼저 빨간색 달리아를 골라 봤어요."

시즈오카 누마즈에서 잡화점 〈할hal〉을 운영하는 고토. 매장 영업시간은 오후 4시까지이다. 집에 돌아가 밥을 짓거나 가족이 모여 식사하는 시간을 소중히 여기기 때문이다. 지은 지 50년 된 그의 단층집은 원래 우체국 건물이었다고.

히라이는 식탁으로 사용하는 낮은 테이블 위에 새빨간 달리아를 장식했다. 평소 조림요리를 담는다고 하는 대형 온타야키 볼을 화기로 사용. 달리아만 꽂으면 화려한 인상이 강하지만, 정원에서 따온 듯한 느낌으로 다른 식물이나 열매와 조합해 장식하면 일상의 공간에도 어우러진다.

평소 고토는 친구가 운영하는 누마즈의 꽃집 혹은 저녁거리를 사러 가는 마트에서 꽃을 구입한다고 한다.

"하지만 이것저것 조합은 잘 못해요. 한 종류만 가져다가 잔뜩 꽂을 뿐이어서, 기술도 아이디어도 없답니다."

그런 고토를 위해 히라이는 어레인지먼트의 팁을 전수한다.

"국수나무 등 곧게 뻗은 가지에 클레마티스 같은 곡선의 덩굴을 섞으면 부드러운 느낌의 데커레이션이 완성돼요", "페루꽈리나 블랙베리처럼 열매 달린 식물을 선반 위에 나란히 놓으면 예뻐요" 등등.

꽃을 장식한 뒤에는 고토가 수집하고 있는 앤티크 소품을 살짝 곁들였다.

"일상에 관련된 물건을 함께 장식하면 꽃만 두드러지는 일 없이 풍경의 일부가 되어주니까요."

이제는 딸이 대학생이 되어 기나긴 육아가 일단락되었다고 하는 고토. 음악회에 가거나 친구들과 맛집을 탐방하는 등 자유로운 시간을 가지게 되었다.

그래도 외출하기 전에는 반드시 식구들 먹을거리를 준비해둔다고.

히라이가 꾸민 꽃은 그런 고토에 대한 존경과 응원의 증표이기도 했다.

MASUO&
TOMOKO
KURODA

구로다 마스오·도모코

베란다 가든에서 화초를 기르는 구로다 부부.
시간의 흐름에 따라 꽃은 싹을 틔우고, 활짝 피고, 씨앗을 떨굽니다.
꽃을 기르고 장식하는 일은 생명의 여정을 지켜보는 일이기도 합니다.

Graphic Designer / alice daisy rose

수줍게 물들어가는
과정도 즐긴다

flower
수국

flower vase
F. O. B. Coop의 유리 화병

situation
현관

현관부터 이어지는 긴 복도 끝에는 정원에 피어 있는
듯한 키다리 수국을 내추럴하게 장식. 색이 짙어짐에
따라 계절의 변화를 느낄 수 있다.

바깥과 집안을 연결하는
창가의 꽃

flower
로즈제라늄
시계꽃
부들레야
스모크트리
미모사 (황금아키시아)
회향

flower vase
피처

situation
현관

현관부터 이어지는 긴 복도 끝에는 정원에 피어 있는
듯한 키다리 수국을 내추럴하게 장식. 색이 짙어짐에
따라 계절의 변화를 느낄 수 있다.

flower
(오른쪽부터)
**발풀고사리
튤립 꽃봉오리
유칼립투스**(니콜)
**떡갈잎수국
스모크트리**

flower vase
(오른쪽부터)
**화병
플라스크
유리 화기
화병**

situation
작업실

저절로 드라이되는 화초는 오래도록 함께할 수 있다

유리 화기나 병 하나에 화초를 한 종류씩 장식. 누구나 실패 없이 손쉽게 데 커레이션할 수 있는 방법이다. 생화 상태 그대로든 드라이든 또는 건조되는 과정도 즐길 수 있는 '일석이조'의 식물을 모았다.

식탁의 꽃은 절제된 느낌의
'조연' 역할로

flower
매발톱꽃
사위질빵
양국수나무(디아볼로)
휴케라
클레마티스(피카소)
그린벨

flower vase
앤티크 피처

situation
다이닝 테이블

도모코가 준비한 생체리의 짙은 붉은색에
맞춰 자색과 검은색의 꽃을 꽂았다. 식사
에 방해가 되지 않도록 수수하고 가련
한 느낌의 꽃을 장식.

flower
　(오른쪽)
　유칼립투스(블랙테일)
　이테아비르기니카
　(왼쪽)
　옥살리스 잎과 꽃

flower vase
　(오른쪽)
　양철 피처
　(왼쪽)
　도기 화기
　유리병

situation
　방 모퉁이

도구와의 컬래버레이션을 즐기다

베란다에서 기르던 검은색 유칼립투스가 돋보이도록, 하얀색 꽃의 이테아
비르기니카를 곁들였다. 앤티크 소품점에서 구입한 액자는 마스오가 흰색
으로 페인트칠한 것. 액자 안에 작은 꽃이 보이도록 그림을 장식하듯 어레
인지했다.

꽃이 있음으로써
한층 사랑스런 공간으로

flower
(오른쪽부터)
당근꽃
숙근스위트피(블루프래그런스)
알리움(시쿨룸)
flower vase
(오른쪽부터)
캔들 용기
유리병

situation
작업실

도모코가 소개하고 있는 주얼리에 꽃을 곁들여, 한층 화
려한 공간이 되었다. 민트 향이 나는 캔들 '씨흐트루동
(Cire Trudon)'의 빈 용기를 사용하여 장식했다.

　도심에 위치한 구로다 부부의 집은 지어진 지 35년된 아파트이다. 복층 계단을 오르면 마치 '비밀의 화원' 같은 공간이 눈앞에 펼쳐진다. 다양한 식물이 있는 그곳은 남편 마스오가 하나하나 정성 들여 꾸며온 베란다 가든이다.

　도모코는 모 패션 브랜드에서 홍보 및 총괄책임을 담당한 뒤, 2010년에 홍보기획사 〈앨리스 데이지 로즈^{alice daisy rose}〉를 설립했다.

　유행에 상관 없이 디자이너가 애정을 가지고 제작 활동을 지속하는 브랜드를 소개하고 있으며 자택 1층은 그 작업실로도 사용 중이다.

　남편 마스오는 그래픽 디자이너로 일하는 한편 〈야에카 홈스토어^{YAECA HOME STORE}〉 등의 매장 조경도 맡고 있다.

　젊은 시절 런던에서 약 2년간 생활했다고 하는 구로다 부부.

　"하이드파크나 켄싱턴가든 등 생활 공간의 바로 옆에 공원, 나무, 꽃이 있었어요. 그런 환경 자체가 그곳에 사는 사람의 재산이라는 걸 깨달았죠. 원래부터 저는 '과도한 디자인'을 좋아하지 않아서, '정원'이 아닌 그저 '식물이 있는 풍경'을 만들고 싶었습니다"라고 마스오는 말한다.

올라야의 씨앗이 이곳저곳으로 날아가 생각지도 못한 곳에서 꽃을 피운다. 그렇다면 그대로 거기서, 아름답게 피어주면 되는 것이다.

"마스오 씨의 생각에 무척 공감했어요. 저도 플로리스트가 되기 전에는 정원이나 베란다에서 꽃을 기르는 일에 몰두했었거든요. 꽃을 장식할 때도 흙으로부터 어떻게 씨앗을 틔우는지, 어떻게 자라나는지를 떠올리며 힌트로 삼아왔어요. 자신이 기른 꽃을 장식하는 기쁨은 각별하지요. 전부는 어렵더라도, 밖에서 사온 꽃들 사이에 자신이 기른 꽃을 한 송이 더하는 것만으로도 아주 특별한 데커레이션이 된답니다."

그래서 이번 데커레이션의 주제는 '자연 그대로'이다. 현관에는 수국을 커다란 화병에 꽂고, 유칼립투스와 스모크트리는 마치 정원에서 보는 풍경처럼 건조되는 과정까지 즐길 수 있다. 정원에서 딴 꽃은 테라스의 풍경을 그리면서 테이블 위에 장식했다.

어떤 꽃을 어떻게 조합시켜서 어떻게 꽂으면 좋을지 망설여질 때, 지금까지 자연 속에서 만난 꽃이 있는 풍경을 떠올려보는 건 어떨까?

HARUMI FUKUDA

후쿠다 하루미

집에서 요리하는 것이 너무 즐겁다는 후쿠다 씨.
그를 위해 주방 이곳저곳에 허브를 장식했습니다.
'먹는 것'과 '아름다운 것'을 하나로 합치면 즐거움은 배가 됩니다.

Branding Director

'일상' 풍경 속에
허브의 푸른 자태와 향이 녹아들도록

flower
(선반 오른쪽 위)
샐비어
라벤더
로즈메리
(가운데)
코리앤더
(왼쪽)
파인애플세이지

flower vase
F.O.BCoop의 와인잔
유리 화병
100엔 숍의 유리병

situation
주방 코너

허브를 끈으로 묶어 손이 쉽게 닿는 바구니 아래에 늘어뜨리면 자연스럽게 건조된다. 싱싱한 상태 그대로 즐기고 싶은 허브는 물을 청결하게 유지하기 쉬워, 줄기까지 보이는 유리컵에 꽂았다.

flower
히아신스
아네모네
사방오리
침엽수(블루아이스)

flower vase
고이즈미글래스의 비커

situation
현관

현관에 기분 좋은 '웰컴 플라워'를

손님을 처음 맞이하는 장소인 현관에는 가지와 봄 꽃을 조합하여 어레인지.
계절을 알리는 꽃이 있으면 문을 열었을 때의 인상이 달라지고, 또 방문한
손님과의 대화도 자연스럽게 시작된다.

뭐든지 화기가 될 수 있다.
심지어 냄비까지도

flower
튤립(오렌지프린세스)
트리토마

flower vase
바바구리의 구리 냄비

situation
주방 조리대

"후쿠다 씨는 언제나 활기가 넘쳐서 '비타민 컬러'의
이미지가 있어요." 톡 쏘는 듯한 오렌지색은 후쿠다가
얼마 전 마음에 들어 구입했다고 하는 구리 냄비의 색
과도 잘 어울린다.

flower
비단향꽃무
트리저먼더

flower vase
유리병

material
레이스

situation
거실 벽

업무 메모 가운데 자연스럽게 살짝

거실 벽에 업무와 관련된 사진이나 메모를 붙여, 머릿속에 있는 것들을 시
각화하는 후쿠다. 작은 꽃을 병에 꽂아 그 속에 장식했다. 기분 전환의 공간
이 만들어져 더욱 신선한 아이디어가 솟아날 듯하다.

꽃과 잎을 흩뜨리는 것만으로도
특별한 시간이 시작된다

flower
(커팅보드 옆)
산딸기
레몬메리골드
목엉겅퀴

flower vase
유리컵

situation
다이닝 테이블

손님이 찾아오면 가장 먼저 커팅보드에 치즈
와 샐러드를 담아 내놓는다고 하는 후쿠다.
아름다운 빛깔의 꽃과 잎을 흩뜨리면 이른
봄의 정취가 식탁에 찾아온다.

flower
(커팅보드 위)
파인애플세이지
한련화
비올라
회향
레몬메리골드

board
올리브 커팅보드

후쿠다는 1970년대 초반에 지어진 아파트에 살고 있다. 패션, 미술 등 여러 분야에서 활약하고 있는 후쿠다답게 거실은 믹스 매치 인테리어. 오픈 키친 앞에는 큰 조리대가 놓여 있고 주방 카트에는 다양한 시즈닝이 담겨 있다. 또 천장에는 냄비와 바구니가 매달려 있어, 전문가의 부엌 같은 느낌이 물씬 풍긴다.

"요리로 스트레스를 해소해요. 오늘도 아침부터 츠키지 시장에 장을 보러 다녀왔어요. 어제는 삿포로에서 새우가 들어와 '퓌메 드 푸아송fumet de poisson(생선 뼈를 우려낸 육수로 해산물 수프나 소스에 쓰인다-역자주)'을 만들어뒀지요."

브랜딩 디렉터로 활약하는 후쿠다는 현재 홋카이도의 라이프 스타일 온라인 숍 〈투 더 노스to the north〉와 홈 케어 프래그런스 브랜드 〈어 데이a day〉를 운영하고, 라이프 스타일 스토어 〈코르테 라르고CorteLargo〉도 제작하는 등 다방면에서 바쁘게 움직이고 있다.

"행사 파티에서 뵌 적이 있었는데 거의 이야기를 나누지 못해서 아쉬웠어요. 그후 후쿠다 씨의 인스타그램에 메시지를 보내면서 대화가 시작됐고, 집에 초대해주셔서 식사를 하거나 츠키지 시장에도 같이 데리고 가주셨죠."

"프랑스에서는 거의 매주 주말에 홈 파티를 열고 식사도 코스로 대접해요. 저도 그 영향을 받아 요리와 식탁에 대해 연구하게 되었답니다"라고 후쿠다는 말한다.

하지만 의외로 집에 꽃을 장식하는 일은 드물다고.

"요리에 쓰기 위해 허브를 기르지만 다른 꽃이나 식물은 금방 시들어버려서요."

이에 히라이는 주방에 허브를 매달거나 식탁에 꽃과 잎을 흩뜨리는 등, 맛있는 풍경 속에 꽃을 가미하기로 했다.

"좋아하는 것과 연결시키면 자연스럽게 식물을 일상에 들여올 수 있어요. '잘 관리할 수 있을지 걱정'이라는 분에게는 '이 정도라면 도전해볼 수 있을 것 같아'라고 느끼게 만드는 데에 만족하죠. 누군가의 집에 꽃을 장식한다는 건 그런 체험을 선물하는 거라고 생각해요."

꽃이 주인공이 되지 않아도, 일상 곁에 조그마한 식물이 있으면 하루하루가 조금씩 달라진다. 그 사람이 소중히 여기는 시간을 아는 것이 '일상에 어울리는 꽃'을 발견하는 첫걸음이다.

YURI NOMURA

노무라 유리

맛있는 요리와 음악 그리고 꽃.
서로를 돋보이게 하면서 즐거운 시간을 만들어내기에,
꽃은 한발 물러선 느낌으로 장식합니다.

Food Director

매일 시간을 보내는 공간에
계절을 알려주는 꽃을

flower
벚꽃(가와즈벚꽃)

flower vase
도예가 아담 실버만의 화기

situation
키친 카운터

주방의 그레이 컬러에 가와즈 벚꽃의 색감이 잘 어
울린다. 꽃봉오리가 갓 벌어진 벚꽃의 가지는 마치
이곳에 줄곧 있었던 것처럼 공간에 녹아 들었다.
꽃 아래에서 향긋한 차를 음미해보면 어떨까.

flower
까마귀쪽나무
튤립(스프링그린)

flower vase
유리 피처

situation
다이닝 테이블

만개한 모습까지 즐긴다

꽃봉오리 시기도 예쁘지만 만개한 모습도 아름다운 튤립. 암술과 수술의 색
이 다르다는 점도 재미있다. 까마귀쪽나무가 조만간 꽃을 피울 것이므로,
튤립이 지고 난 뒤에도 오래도록 볼 수 있다.

flower
백목련
튤립(실버클라우드)

flower vase
유리 와인쿨러

situation
거실 책장 위

딱딱한 가지에는 부드러운 꽃을

가지는 부드러운 줄기의 구근화와 조합시키면 율동감이 생겨,
꼿꼿하고 단단한 가지의 인상이 부드러워진다.
와인쿨러는 노무라가 주문 제작한 물건.
햇빛이 스며드는 창가에 장식하면 한층 아름답다.

flower
황매화

flower vase
도예가 아담 실버만의 화기

situation
식기 선반 위

flower
동백꽃

flower vase
바둑알 보관함

situation
거실

무생물의 공간에는 싱그러운 꽃을

직업상 많은 그릇을 소장하고 있는 노무라. 거실 선반에도
가득 쌓여 있다. 따로 데커레이션 공간을 만들지 않고 이와
같은 수납 공간에 꽃을 장식하는 것도 좋다.
생화를 더하면 무생물의 공간이 부드러워진다.

그릇과 꽃이 하나처럼 보이도록 연출

노무라가 할아버지에게서 받은 옻칠 바둑알 보관함에는 새
가 그려져 있다. 여기에 동백꽃을 한 송이만 꽂아 그릇과의
일체감을 연출. 원래와는 다른 용도로 다음 세대가 이어받
아 사용하는 것 또한 의미가 있다.

시크한 컬러 조합으로
편안하게 어우러지는 데커레이션

flower
아네모네
크리스마스로즈 (포에티두스)
광나무 열매
천선과나무 열매

flower vase
넓적한 접시

situation
거실의 낮은 테이블

소파 앞의 아늑한 공간에 자리잡은 낮은 테이블에는,
위에서 내려다보는 시선을 고려하여 낮게 장식했다.
화형(花形)이 큰 꽃은 넓적한 접시의 테두리에 걸치면
안정적인 느낌이 든다.
시크한 색감으로 차분한 분위기를 연출.

"언젠가 유리 씨 집에 꽃을 장식해드리고 싶다고 생각했어요. 그리고 만약 그런 기회가 생긴다면 유리 씨의 이미지에 어울리는, 기품 있는 가지를 사용하자고 혼자 정해놨었답니다"라고 히라이는 말한다.

하라주쿠에서 레스토랑 〈이트립eatrip〉을 운영하며 푸드 디렉터로 활약 중인 노무라. 그의 어머니는 대접하기를 즐겨, 부모님 집에는 늘 사람들이 북적이고 맛있는 요리를 중심으로 음악 및 영화에 관한 이야기 꽃이 피었다고 한다.

그런 풍경은 노무라가 지금 하는 일의 원점이 되었다. 인테리어 숍 〈이데IDEE〉의 카페에서 근무하다 독립. 디자이너나 뮤지션 등 다른 분야의 크리에이터와도 협업하면서 요리의 가능성을 넓히고 있다.

2009년에 감독을 맡은 영화 〈이트립eatrip〉은 다양한 인물의 '요리와 마주하는 법'을 인터뷰 형식으로 그린 다큐멘터리 영화였다.

그 후 미국 샌프란시스코의 '셰파니즈Chez Panisse'에서 근무한 뒤 일본에 돌아와 레스토랑을 열었다.

노무라가 사는 곳은 지은 지 40년 된 낡은 아파트. 전체 리모델링을 했을 때 주방

은 시크한 그레이 컬러로 통일시켰다. 그 색에 맞춰 히라이가 선택한 꽃은 연한 핑크의 벚꽃. 우아한 가지의 형태를 그대로 살려, 카운터 위에 크게 장식했다.

"벚꽃을 볼 수 있는 시기는 아주 짧죠. 꽃은 오래가지 않아서 오히려 좋아요. 꽃잎을 떨구기에 다음 계절을 기다릴 수 있는 거니까요. 그래서 그 찰나와 같은 순간에, 벚꽃 아래서 차를 마시거나 봄의 정취를 맛보았으면 좋겠다고 생각했어요."

창가에는 초봄에 꽃봉오리를 틔우는 백목련에 튤립을 곁들였다.

"단단한 가지와 유연한 튤립을 조합시키면 율동감이 생겨나요. 나무 아래에 봄 꽃이 피어 있는 풍경을 연상했답니다"라고 히라이는 말한다.

노무라가 할아버지로부터 물려받은 낡은 바둑알 보관함에는 동백꽃을 한 송이 꽂았다. 가족의 역사가 새겨진 추억의 물건이 꽃을 장식함으로써 '지금'으로 이어진 듯하다.

이번에 히라이가 준비한 꽃들은 모두 조금씩 절제된 느낌. 화려한 꽃을 큼직하게 어레인지하기보다는 한발 물러서서 장식했다. 그런 절제된 데커레이션이 요리나 음악 등 '또 하나의 즐거움'과 공명하고 있다.

장미와 일상을 함께하다

3인에게 선사하는 장미의 매력

초원과 같은 식탁의 리스

큰 접시의 중앙에 캔들을 올려놓고, 그 주변에 화재花材를 둘러 리스처럼 어레인지했다.

*꽃: 장미(메리로즈), 클레마티스, 핑크재스민 / 화기: 넓은 접시 / 장소: 다이닝 테이블

가나코가 좋아하는 향의 장미를 찾아

평소 아로마 캔들로 기분 전환을 한다는 가나코에게는 장미의 향을 즐길 수 있는 방법을 제안. 달콤한 향의 장미도 있지만, 히라이가 고심 끝에 고른 것은 홍차 같은 산뜻한 향을 지니는 티Tea 계열의 장미이다. 화려한 비주얼뿐만이 아니라 '향기'라는 장미의 새로운 매력을 발견할 수 있었다.

좋아하는 옷 옆에 스웨그를

스웨그(Swag)는 '벽 장식'이라는 뜻. 장미와 방충 효과가 있는 허브를 곁들이면 옷에 은은한 향도 배면서 벌레도 쫓을 수 있다. 그대로 걸어두고 건조시켜도 예쁘다.
* 꽃: 장미(다르시), 로즈메리, 라벤더
　재료: 라피아
　장소: 행거 랙

장미만 장식할 때는 세 송이가 적당

은은한 향의 장미를 세 송이만 살짝 꽂아본다. 한 종류만 장식하는 경우 홀수로 꽂으면 밸런스를 잡기 쉽다. 개화 정도가 다른 것을 골라 장식하면 표정이 풍부해진다.
* 꽃: 장미(오클랜드)
　화기: 머그컵
　장소: 거실의 낮은 테이블

달콤한 향의 '웰컴 플라워'를 현관에

만개한 장미는 꽃과 꽃잎을 물에 띄워 플로팅 캔들과 함께 현관에 장식. 불을 켜면 향기가 더욱 깊어진다.
* 꽃: 장미(퀸오브스웨덴, 줄리엣, 피치블로썸, 이브피아제)
　화기: 유리그릇
　장소: 현관

가나코香菜子　모델, 일러스트레이터
〈로타 프로덕트(LOTA PRODUCT)〉 대표. 둘째 자녀의 출산을 계기로 브랜드를 설립하여 '내 아이와 자신을 위해 갖고 싶은 제품'을 제안하고 있다. 최근 저서로는 《가나코의 '오늘은 뭐 입지?'》가 있다.
https://www.lotaproduct.com/

가지의 우아한 자태를 돋보이게

평범하면서도 눈길을 끄는 장미 열매를 장식. 현관에는 움직임이 독특한 가지 등, 집을 방문한 손님과 대화의 소재로 삼을만한 것을 꽂는다.

*꽃: 장미 열매 / 화기: 작은 화병 / 장소: 현관

이치다 노리코의 고풍적인 일상에 어울리는 장미

지은 지 약 50년된 단층집에서 생활하는 이치다. 너무나 좋아하는 이 집에
어울리도록 앤티크 가구와 일본 전통 그릇을 골라 집안 구석구석을 채웠다.
히라이는 고풍적인 일상에 어울리는, 하얀 장미가 주인공인 데커레이션을
제안. 장미만 가득 꽂으면 화려해지지만 다른 가을 화초와의 조합도 잘 어
우러진다.

물통을 사용하여
일본식 '가케바나'로

평소 장식용으로 벽에 걸어두는 물통에,
한 줄기에 여러 송이의 꽃이 피는 스프레
이 장미를 꽂았다. 일본 전통의 '가케바나
(꽃을 꽂은 화기를 벽·기둥 따위에 걸어서 꾸미는 것-
역자주)'가 장미의 가련한 느낌이 가미되어
특별한 데커레이션으로 완성되었다.

* 꽃: 장미(시라베)
　 화기: 앤티크 알루미늄제 물통
　 장소: 거실

으름덩굴 바구니를 화기로

바구니를 사용하여 위에서 내려다볼 수 있
는 데커레이션을 만들었다. 분홍색 장미가
포인트. 바구니 안에 물을 부은 유리그릇을
넣고 꽃을 꽂았다.

* 꽃: 장미(섀도오브더데이, 스위트올드), 수국,
　 클레마티스
　 화기: 으름덩굴 바구니
　 장소: 현관 옆 모퉁이

큼직한 그릇에 한가득 담아

바깥의 빛이 들어오는 복도에 겹꽃 흰 장
미와 붉게 물들기 시작한 잎, 열매를 듬뿍
담았다.

* 꽃: 장미(시라베), 떡갈잎수국, 양국수나무
　 (디아볼로), 개머루, 불두화, 자색강아
　 지풀, 아마란서스, 오이풀
　 화기: 볼
　 장소: 복도

이치다 노리코 一田憲子 자유 기고가, 편집자
편집 디렉터를 담당하는 <살림의 배꼽>을 비롯하여 여성지 및 단행본 집필 등으로 활약 중.
포털 사이트 <밖의 소리, 안의 향기> 대표. 2017년 8월 생활 도구에 관련된 저서 《내일을 바꾸고 싶다면 주방 수세미부터》를 출간했다.

손님 초대나 축하 파티에

구겔호프 주변에 꽃을 왕관처럼 장식했다.

*꽃: 장미(서니앤티크, 스위트올드), 스피어민트, 러시안올리브, 파부초 / 화기: 넓적한 접시 / 장소: 테이블

호시야 나나의 요리와 함께

장미 열매를 넣은 젤리나 장미 식초 등, 평소 요리에 장미를 사용하고 있는 호시야. 루비 같은 투명한 색의 아름다움과 우아한 세계관에 히라이도 감탄했다. 호시야의 요리에 어울리도록, 매혹적인 색의 장미를 사용하여 단순히 예쁜 것에 그치지 않는 수려한 기품을 표현했다.

작업대에는 향이 약한 장미를

요리 도구가 죽 늘어선 작업대. 식자재를 다루는 장소이므로 향이 약한 장미를 꽂았다. 정면뿐 아니라 옆을 보고 있는 꽃도 함께 꽂으면 입체적인 데커레이션이 된다.

* 꽃: 장미(호노카), 백일홍, 루드베키아
  화기: 도기 수저통
  장소: 주방 작업대

건조되는 과정을 즐긴다

꽃을 한 송이씩 끈으로 묶어 창가에 매달았다. 꽃의 형태와 실루엣이 햇살을 받아 예쁘게 빛난다. 그대로 드라이 플라워가 된 후에도 즐길 수 있는 데커레이션.

* 꽃: 장미(테디베어, 다르시, 줄리엣), 수국, 유칼립투스, 마운틴민트, 필리카
  재료: 마끈
  장소: 창가

꽃잎이 풍성한 장미는 입구가 넓은 커다란 접시에

드라이 장미, 사과 식초, 얼음설탕으로 만든 장미 식초와 함께 장식. 입구가 넓은 그릇의 테두리에 장미 꽃을 얹으면 안정감이 느껴진다.

* 꽃: 장미(줄리엣, 퀸오브스웨덴, 이브실바, 라일락로즈)
  화기: 카페오레 볼
  장소: 테이블

호시야 나나 星谷菜々 요리 연구가
요리교실 〈에이프런 룸(apron room)〉 대표. 일본규격협회(JSA) 인정 와인 전문가. 여성지와 서적을 중심으로 가정식 및 제과 레시피를 제안하고 있다. 《BAKE 제과의 기본》 등 저서 다수. http://www.apron-room.com/

KIYOMI KOBORI

고보리 기요미

벽의 색, 벽에 건 그림, 가구와 선반의 색.
집안의 배경을 살려 꽃을 장식해보았습니다.
전체를 아울러 보면 꽃을 꽂는 즐거움이 더욱 커집니다.

LIKE LIKE KITCHEN

꽃의 색에는
그 순간의 기분이
드러난다

flower
달리아
수국
떡갈잎수국 잎

flower vase
유리 피처

situation
작업 테이블

개화 기간이 긴 달리아. 초여름에는 기분이
밝아지는 선명한 빨강이었다가, 가을이 되면
차분하고 깊이 있는 빨강으로 변한다. 계절
이나 그 순간의 감정에 따라 장식하고 싶어
지는 꽃의 색감도 달라진다.

메마른 가을의 색을 모아,
풍경에 녹아 드는 꽃을

flower
아마란서스
피라미드수국
이테아비르기니카
병꽃나무
참회나무

flower vase
유리 화병

situation
다이닝 룸

화가 고다마 야스에의 그림 앞에 가을빛의 화초를
장식. 그림을 방해하지 않고 공간에 잘 어우러지도
록 색감을 억제했다. 꽃을 꽂을 때 벽에 그림이나 엽
서 등을 함께 장식하는 것도 좋다.

flower
(위)
장미 열매(글라우카)

flower vase
아라비아제 밀크 피처

situation
주방 선반

flower
(아래)
백일홍

flower vase
구리 냄비

situation
주방 작업대

주방에는 향이 약한 꽃을

가장 긴 시간을 보내는 공간에 꽃을 장식해보자. 주방에는 향기가 강하지 않은 꽃, 그리고 장미 열매 등 꽃가루가 잘 떨어지지 않는 것을 꽂는다. 냄비를 화기로 사용한 백일홍은 그 밝은 색으로 요리 시간도 더욱 즐겁게 만들어줄 듯하다.

flower
(오른쪽부터)
장미(미스틱사라)
심포리카르포스
수염패랭이꽃
멕시칸세이지

flower vase
북유럽제 유리컵

situation
캐비닛

유리컵에 한 송이씩 꽂으면 간단

유리컵에 장미나 허브 등을 하나씩 꽂아 나란히 놓으면 오밀조밀 귀여운 데
커레이션이 완성. 주변의 소품들과 어우러지도록 유리컵의 위치나 꽃의 방
향에 변화를 주어 리드미컬하게 장식한다. 손쉽게 도전할 수 있는 플라워
데커레이션 중 하나이다.

고요한 색감을 즐기다

벽지는 영국 브랜드인 '할리퀸(Harlequin)'의 제품. 그레이 톤에 맞춰 보라색 제비콩을 장식했다. 보라색이 강하기 때문에 초록색 올리브를 더해 인상을 부드럽게 만들었다. 초록색, 보라색, 회색이 한 톤으로 어우러진, 클래식한 느낌의 데커레이션.

책장에는 가을빛 리스를 장식해 변화를 즐긴다

라이프 스타일 브랜드 '헤이 휴테(HAY hutte)'에서 주문 제작한 책장에는 고보리가 꾸준히 모아온 요리책이 색깔별로 꽂혀져 있다. 이 색들과 충돌하지 않도록 초록색을 메인으로 리스를 만들었다. 그대로 건조되어가는 변화도 즐길 수 있다.

flower
(오른쪽)
사위질빵
새콩
댕댕이덩굴
미국자리공
수국
미역줄나무
(왼쪽)
댕댕이덩굴

flower
제비콩(루비문)
러시안올리브

flower vase
앤티크 병

situation
화장실 세면대

flower vase
유리컵

situation
책장

"처음으로 고보리 씨의 집을 방문했던 날, 벽면이 다채로워서 놀랐어요. 겨자색 꽃무늬 벽지의 요리교실 공간, 책이 색깔별로 정리된 책장 그리고 회색 주방 타일. 벽이 이렇게 개성적인 집은 드물어서, 어떤 꽃을 장식하면 좋을지 상상력을 총동원했지요."

제과점을 경영하는 부모님 밑에서 자랐고 현재 요리 연구가로 활약 중이지만, 그 시작은 의외로 늦었다. 원래는 광고대행사와 아트 갤러리에서 근무했었다고.

"색에 둘러싸인 일은 언제나 즐거웠어요"라고 고보리는 말한다.

해외 출장을 가면 여러 호텔에 묵으면서 마음에 드는 인테리어를 찾는 것이 즐거움이었다. 그러던 중 '벽'의 사용법에 주목하게 된다.

"좋아하는 벽지를 붙이거나 페인트를 칠하는 등 벽 인테리어를 따라 해봤더니, 이제 그냥 하얀 벽은 심심해요. 미니멀은 제 취향이 아닌가 봐요. 꽃도 흰색은 잘 안 고르게 돼요."

2010년 모두가 기분 좋게 모일 수 있는 공간을 만들고 싶어, 〈라이크 라이크 키친LIKE LIKE KITCHEN〉이라는 이름의 카페를 오픈하고 요리를 담당했다. 그리고 2년 뒤 카페 사업은 내려놓고 자택에서 같은 이름의 요리교실을 열었다. 이 요리교실의 겨

자색 벽지에 맞춰, 히라이는 초가을의 달리아를 선택했다.

"벽지의 존재감이 커서 짙은 분홍색 달리아로 눈길을 사로잡고자 했어요. 꽃의 역할은 색을 곁들이는 것. 색은 순간의 기분을 이끌어내, 예를 들어 빨간색 같은 선명한 색의 꽃을 보면 활기가 생기고 부드러운 파란색 꽃을 보면 차분해진답니다. 꽃과 사람이 하나가 되는 거예요"라고 히라이는 말한다. 다이닝 룸의 커다란 그림 앞에는 시크한 색감의 가지를 장식했다.

"고보리 씨의 집을 보면 다양한 색을 즐기고 싶어져요. 제가 꽃을 장식할 때 중요하게 생각하는 건 색의 톤이에요. 봄에는 탁하지 않은 순수한 색, 장마철에는 파란색, 한여름은 원색, 가을은 차분하고 깊은 색. 단풍이 들어 잎을 떨구기 시작한 가지로 차분한 분위기를 연출하거나, 기분이 좋을 때는 화려하게 장식하기도 해요. 계절의 선물을 활용하여 자신의 감성에 다가가는 꽃을 장식할 수 있다면 좋겠지요."

계절 꽃은 집에서 손님을 대접할 때에도 중요한 역할을 해줄 것이다. 고보리가 만들어내는 맛과 예술, 그리고 꽃이 하나가 되어 행복한 공간이 완성되었다.

JUNICHI OGAWA

오가와 준이치

고즈넉한 가마쿠라에 터를 잡은 이 집에서는,
정원의 꽃을 따는 시간이 보물과도 같습니다.
감사하는 마음으로 꽃을 꽂았습니다.

Therapist / herbalist

정원의 풍경과 연결시켜,
겨울이 오는 소식을

flower
블루베리
장미 열매(둥근마키)
국화
이테아비르기니카
미국자리공

flower vase
유리 비커

situation
테라스 테이블

오래된 집에 증축한 테라스 공간은 창문이 완전히
열려 정원과 이어진다. 테이블 위에는 단풍이 들어
잎을 떨구기 시작한 가지를 내추럴하게 장식. 계절
의 흐름을 느끼게 해준다.

계절이 지난 흔적인 엉겅퀴.
아침식사 시간이 새롭게 느껴진다

flower
엉겅퀴
등나무

flower vase
앤티크 와인잔

situation
조식용 테이블

매일 아침식사를 하는 테이블에, 정원에 아
직 남아 있던 엉겅퀴를 꺾어다 장식. "매일
아침 산책을 하는 오가와 씨에게 '산책의 연
속' 같은 기분을 선물하고 싶었어요."

바람과 빛이 지나는 길에 꽃을 꽂는다

정원에 피어 있던 산다화를 받아, 오가와가 수집한 유리컵
에 꽂아서 새집 위에 나란히 놓았다. 어디에 꽃을 장식할지
망설여질 때는 빛과 바람이 지나는 길을 찾아보자. 햇빛을
받으면 꽃의 색이 자연에 가까워지고, 바람이 통하는 곳은
꽃에게도 마음 편한 공간이 될 것이다.

flower
산다화
억새

flower vase
유리컵, 피처

situation
다이닝 룸의 새집 위

겨울의 보물을 작은 상자 속에

겨울 정원에서 수확한 화초를 건조시켜, 셰이커박스 안에 가득 담았다. 스
모키한 컬러의 조합이 가을에서 겨울로 이어지는 풍경을 말해주고 있는 듯
하다. 리스 대신 이렇게 장식하는 것도 예쁘다.

정원의 공기까지 실내로

꼿꼿이 선 참억새는 정원에서 꺾어온 것. 작은 노란색 꽃을 피운 파우
치플로라히어리와 함께 장식했다. 오가와가 애용하는 모던한 '마렌코
(Marenco)' 소파는 존재감이 있어, 커다란 참억새가 잘 어울린다.

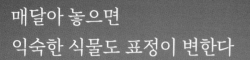

매달아 놓으면
익숙한 식물도 표정이 변한다

껍질이 벗겨져 주황색 열매가 얼굴을 내민 덩굴
을 동그랗게 말고, 세 지점을 마끈으로 묶어 천
장에 매달았다. 오가와가 아끼는 일러스트레이
터 하야시 아오나의 작품을 함께 장식.

flower
노박덩굴

material
마끈
일러스트 작품

situation
다다미방

가나가와 현 가마쿠라의 동산 위에 자리잡은 오가와 준이치의 집. 이 오래된 단독 주택은 어딘가 양옥집의 정취가 남아 있고, 증축된 테라스 룸은 사시사철 꽃 피는 정원이 눈앞에 펼쳐져 안팎의 경계가 없는 기분 좋은 공간이다.

"기적처럼 우연히 만난 집이에요"라고 오가와는 말한다.

전체론적인 관점에서 생활과 건강, 요리 등에 관해 제안하는 그는, 이 집의 일부 공간을 '산속 스콜레'라 이름 짓고 방문객들과 담소를 즐기거나 요리교실, 명상 등의 워크숍을 열고 있다.

원래는 간사이의 한 카페에서 근무하다 도쿄로 옮겨 〈노미모노야(음료 가게)〉라는 음료 케이터링 사업을 시작했다. 허브와 향신료, 과일 등을 사용한 음료는 곧바로 좋은 반응을 얻어 쉴새 없이 바빠졌다.

"지금과는 정반대로 밤낮이 바뀐 생활에, 제대로 요리할 여유도 없어서 편의점 도시락으로 끼니를 때우거나 아침까지 술을 마시기도 했어요."

결국 건강이 악화된 그는 가나가와 현 하야마로 이사하기로 한다. 식사는 현미채식으로 바꾸고 체질을 개선시켰다. 그리고 5년 전 지금의 집으로 이사해 자연의 리듬으로 살기 시작하자, 몸과 마음이 점점 깨끗해졌다.

그런 이야기를 들은 히라이는 "식물이 우리와 가까운 존재라는 사실을 오가와 씨는 스스로의 경험에 비춰 전달하고 있어요. 저와 전달법은 다르지만 전하고 싶은 메시지는 같지요"라고 말한다.

이번에는 먼저 햇빛이 쏟아지는 테라스에 잎을 떨구기 시작한 블루베리와 들장미, 엉컹퀴 등 열매 달린 가지를 내추럴하게 장식했다.

"바깥 풍경과 연결되는 데커레이션이에요. 이런 색을 보면 우리 몸도 겨울 맞이 준비를 하고 싶어지죠? 꽃과 식물이 '계절의 소식'을 가져다 주는 거예요."

다음으로는 오가와의 정원에서 참억새와 엉경퀴를 꺾어, 집안 이곳저곳에 꽂았다.

"화초에게서 받는 힘은 커요. 보기에 아름다운 것은 물론, 만졌을 때의 생생한 느낌과 향기까지……. 정원에서 딴 꽃을 장식하면 그런 감각을 온몸으로 느낄 수 있어 정말 행복해요"라고 히라이는 말한다.

자연을 느끼고, 정원에게서 받은 선물은 일상을 더욱 반짝이게 만드는 데 사용한다. 그런 두 사람의 귓가에는 식물들의 작은 속삭임이 들리는 듯했다.

KANAE ISHII

이시이 가나에

직접 리모델링한 이 집은 구석구석까지 이시이 씨에게 맞춰져 있습니다.
개성 넘치는 공간이기에, 존재감 있는 강렬한 꽃이 어울립니다.

Stylist

몽실몽실 둥근 맨드라미를
집의 주인공으로

flower
맨드라미

flower vase
도예가 니카이도 아키히로의 화분

situation
다이닝 테이블

빨강, 노랑, 주황 등 강렬한 색의 맨드라미를
장식. 일부러 초록 잎은 더하지 않고 맨드라
미로만 어레인지했다. 벨벳과 같은 꽃의 질
감이 따스함을 전해준다.

flower
　(오른쪽부터)
　멕시칸세이지
　낙엽
　새박
　낙엽

flower vase
　(오른쪽)
　도기 피처
　(가운데)
　목공예가 이후지 마사시의 셰이커박스
　(왼쪽)
　잉크 병

situation
　거실 장식 선반

아끼는 물건을 모은 코너에는 하나의 소품처럼 꽃을 장식

벽걸이 장식 선반은 이시이가 직접 제작한 것. 특수 도료로 목재를 녹슨 것처럼 표현했다. 예쁜 색감의 멕시칸 세이지와 둥근 모양이 사랑스러운 새박을 오브제처럼 장식. 소품 사이에는 낙엽을 자연스럽게 끼워 넣었다.

하나하나에 가을의
풍경을 담아

실험용 비커에 낙엽이나 나무 열매를 한두 종류씩 넣어 장식하면 색다른 데커레이션이 된다. 피처에는 장미 열매를 꽂아 장식. 이렇게 꽃이 아닌 잎이나 나무 열매를 장식하는 것도 아름답다.

flower
유칼립투스
(폴리안서모스, 아가임애플)

flower vase
유리 화기

situation
침실

두 종류의 유칼립투스로 입체감을

거실과 침실 사이의 창문에 두 종류의 유칼립투스를 장식했다. 하나는 깊은 녹색을 띤 뾰족한 잎, 다른 하나는 은빛이 도는 동그란 잎을 가졌다. 이렇게 느낌이 다른 종류를 조합하면 입체감이 생겨 표정이 풍부해진다.

flower
가는참억새

flower vase
일본제 앤티크 화기

situation
현관

쓸쓸한 느낌의 억새로 가을의 정취를

가을의 초원을 연상시키는 색감의 화기에, 서 있는 상태로 건조되어 잎이 둥글게 말린 억새를 꽂아 가을 풍경을 연출했다. 고양이가 있어 방에 키 큰 꽃을 장식할 수 없기 때문에 중문으로 분리된 현관에 장식했다.

주방 한쪽 구석에도
꽃을 두어
모든 공간에 눈길을

flower
낙상홍

flower vase
북유럽제 토기 주전자

situation
주방

'외톨이 공간'인 주방 한쪽 구석. 꽃을 장식함으로써 이곳에
도 자연스레 눈길이 갈 수 있게 했다. 토기 주전자에 낙상홍
의 주황색 열매를 장식하여 주변이 한층 밝아졌다.

주변 환경과
꽃이 이어지는
모습을 생각하면 즐거워

의자 위의 커다란 앤티크 유리그릇
에 곤봉야자 열매를 담았다. 이시이
의 집은 해변의 리조트 맨션이므로,
창 밖으로 보이는 야자나무나 종려
나무와의 연결을 생각했다.

flower
곤봉야자 열매

flower vase
앤티크 유리그릇

situation
거실 창가

지금까지 수많은 집을 직접 리모델링하며 자신다운 생활 공간을 만들어온 이시이 스타일리스트. 웹 매거진 〈러브 커스터마이저Love customizer〉에서는 발행인으로서 '요리나 재봉처럼 집에도 DIY를 적용할 것'을 제안하고 있다.

그런 이시이가 이사하면서 리모델링으로 근사한 집을 만들었다는 소문을 듣고 히라이가 찾아갔다.

"예전 집을 잡지 등에서 봤을 때 구석구석에 놀라운 아이디어가 많았어요. 그래서 새로운 집에 방문하는 것이 기대됐답니다."

의류회사에서 근무하다 인테리어 일이 하고 싶어 가구 제조업체 〈카시나CASSINA IXC〉에서 10년간 일한 뒤, 스타일리스트로 독립했다. 그래서인지 이시이가 '좋아하는 것'의 폭은 무척이나 넓다. 모던한 가구도 민예 그릇도, 골동품 시장의 앤티크 소품도 좋아한다. 이렇게 좋아하는 것들을 탁월한 실력으로 다양하게 조합하여 '이시이다운' 공간을 만들어내고 있다.

새로운 집은 쇼와시대(일본 쇼와 천황의 재위 기간인 1926~1989년-역자주)에 해변에 건축된 모던 맨션이다.

"예전에 살았던 테라스 하우스에서는 오래된 느낌을 살려 바닥에 빈티지 우드를 깔았는데, 이번에는 시크한 건물의 분위기에 맞춰 쿨한 느낌의 스톤 타일을 골랐

어요"라고 이시이는 말한다.

"좋아하는 꽃은 무엇인가요?"라고 히라이가 묻자 그는 곧바로 "맨드라미!"라고
답한다.

"의외의 답변이라서 어떻게 장식하면 좋을지 두근두근 설렜어요. 좋아하는 꽃을
바로 말할 수 있다는 건 근사한 일이지요. 게다가 맨드라미라니, 멋있어요!"

그릇 테두리를 따라 빨강, 주황, 노랑 등 선명한 색감의 맨드라미를 쭉 둘렀다. 가
운데에 동그랗게 빈 공간이 생겨 '도넛 데커레이션'이라 부르기로.

펠트 같은 독특한 질감으로 눈길을 끌기 때문에, 멋스러운 물건이 가득한 공간에
서도 존재감을 내뿜는다.

장식 선반에는 보라색의 멕시칸세이지를, 낮은 테이블에는 빨간 장미 열매를 장
식했다.

"이번에는 집에 어우러지게 하는 것이 아니라, 반대로 부각시키려 했어요. 그 공
간에서 인상을 남길 수 있도록 한껏 돋보이게 꾸며봤지요."

종종 이시이의 스타일링 현장에 꽃을 장식하러 간다는 히라이. 서로의 일을 잘 이
해하고 있기에 이시이의 공간과 히라이의 꽃은 더욱 고급스러운 화학반응을 일으
켜, 기품 있는 데커레이션이 완성되었다.

꽃 그리고 요리

플라워 & 쿠킹 스터디 with 와타나베 유코

모 잡지에서 공동 작업한 것을 계기로 한 달에 한 번씩 만나
꽃과 요리의 '스터디'를 시작한 두 사람.
각자의 특기를 살린, 허브를 사용한 요리와 꽃 장식이 펼쳐진다.

히라이　유코 씨, 이 하얀 코리앤더 꽃 예쁘지요?

와타나베　그럼 샐러드에 토핑해볼까요?

히라이　'눈으로 즐기는' 것과 '입으로 맛보는' 것. 이 두 가지 관점에서 꽃과 식물을 두 배로 만끽하는 것이 우리 스터디의 목적이지요.

와타나베　맞아요. 모 잡지의 기획에서 제가 히라이 씨에게 제안했던 것이 계기가 됐어요. "식물을 테마로 요리를 만들어주세요"라는 주문을 받았는데, 히라이 씨라면 뭔가 재미있는 아이디어가 있을 것 같았거든요.

히라이　실제로 해보니 생각했던 것 이상으로 재미있었어요. 예를 들어 허브를 사용하는 요리는 밑손질을 하는 모습부터 이미 예뻐서 가슴이 두근거려요. 조금만 관점을 바꿔 바라보면 많은 것들을 발견할 수 있지요.

와타나베　허브를 요리나 디저트에 사용할 때는 언제, 어느 타이밍에 넣는지에 따라 맛이 달라져요. 향신료로서 풍미를 내거나 육수처럼 사용하거나, 잘게 썰고 향을 입히고 불로 조리하는 등등. 이번처럼 마지막에 접시에 뿌려서 장식할 때는 눈이 즐겁고요.

히라이　　맞아요. 사용법에 따라 다양하게 변하지요.

와타나베　허브는 예쁘기만 한 것이 아니라 참 깊이 있는 소재 같아요. 색감, 향기 등 그릇 위에 어떻게 표현하면 좋을지 고민하는 과정이 즐겁답니다. 거기에 히라이 씨의 장식을 더해 더욱 조화롭고 풍성한 작품이 만들어졌으면 좋겠다고 생각했어요.

히라이　　저에게 꽃은 늘 꾸미고 장식하고, 즐기는 존재였어요. 이 스터디를 통해 꽃을 요리에 적용하여 '맛보는' 즐거움을 배웠지요. 한 송이의 꽃을 '아름다움'과 '맛'으로 변주하는…… 꽃과 함께 하는 저의 일상에 한층 깊이가 더해진 기분이에요.

와타나베 유코 渡辺有子　요리 연구가
재료 본연의 맛을 살린 쉽고 간단한 요리가 인기. 〈푸드 포 서트(FOOD FOR THOUGHT)〉 스튜디오에서 요리교실을 여는 한편, 2017년 도쿄 우에하라에 자신이 셀렉트한 그릇과 자체 제작 앞치마를 판매하는 숍을 오픈했다. http://520fft.tumblr.com/

회향과 코리앤더 꽃 샐러드

회향의 달콤한 향을 줄기부터 잎까지 통째로 즐길 수 있는 샐러드.
꿀과 사과식초의 단맛이 기분 좋은 여운을 남긴다.

회향	1단
회향 잎	2~3줄기 분
치커리(자색)	1개
사과식초	2큰술
올리브유	1큰술
소금	적당량
코리앤더 꽃	적당량
꿀	1~2작은술

1 회향은 길게 반으로 자른 뒤 가로로 얇게 썰어둔다.
   회향 잎은 부드러운 부분을 뜯어둔다. 치커리는 1장씩
   뜯어 3~4등분 크기로 자른다.

2 볼에 1을 넣고 사과식초, 올리브유, 소금을 더해 골고루
   섞는다.

3 그릇에 담고 코리앤더 꽃을 흩뿌린 뒤 꿀을 가미한다.

문어와 아스파라거스 생면 파스타

셀바티코와 딜 꽃의 산뜻한 향으로 즐기는 심플 파스타.
각 재료의 맛과 식감을 풍부하게 만끽할 수 있다.

강력분	50g
달걀 푼 것	1/2개 분
아스파라거스	4개
삶은 문어	120g
올리브유	적당량
파르미지아노 레지아노	적당량
소금	적당량
셀바티코 꽃, 딜 꽃	적당량

1 볼에 강력분을 넣은 뒤 가운데를 오목하게 만들어 달걀 푼 것을 붓고 섞는다.
잘 섞였다면 밀가루를 묻힌 받침대에 올리고 끈기가 생길 때까지 치대면서 반
죽한다.
수분이 부족하면 물을 적당량 추가한다.

2 아스파라거스는 밑의 단단한 부분을 잘라내고 아래 1/3 정도의 껍질을 필러
로 벗긴다. 삶은 문어는 얇게 저며둔다.

3 밀대 등을 사용하여 1의 반죽을 약 1mm 두께로 편다. 이것을 1.5cm 폭으로
자른 뒤, 다시 비스듬하게 2cm 폭으로 잘라둔다.

4 냄비에 물을 넉넉하게 끓이고 소금으로 간한 뒤 파스타를 넣고 2분이 지나
면 아스파라거스를 넣어 30초간 끓인다. 그리고 삶은 문어를 넣은 뒤 30초
간 더 끓인다.

5 물기를 가볍게 제거한 4를 그릇에 담고 올리브유를 두른 뒤, 파르미지아노
레지아노를 듬뿍 갈아 넣는다. 소금으로 간을 하고 셀바티코 꽃, 딜 꽃을 올
려 장식한다.

일상에 어울리는 꽃을 전해드린 분들

No 1

이토 마사코伊藤まさこ　**스타일리스트**

요리와 잡화 등 라이프 스타일리스트. 잡지 및 서적에서 활약하고 있다. 여행, 잡화, 좋아하는 책, 옷 등에 대한 책을 집필했다. 저서로는 《맛있는 시간을 그 사람과》,《도시락 탐방기》등이 있다.

No 2

히키타 다센　갤러리 페브
가오리引田ターセン, かおり　〈단디종〉대표

도쿄 기치조지에서 〈갤러리 페브(Gallery feve)〉와 베이커리 〈단디종(Dans Dix ans)〉을 운영하는 다센(왼쪽)과 가오리(오른쪽). 매일의 일상이 더욱 즐겁고 맛있어지는 제안을 하고 있다. 최근 저서는 《두 사람의 집》. http://www.hikita-feve.com/

No 3

군지 츠네히사, 게이코郡司庸久, 慶子　**도예가**

츠네히사(오른쪽)는 도공陶工이었던 부모님 밑에서 자라 도치기 현의 한 도자기교실을 거쳐 독립. 게이코(가운데)는 미술대학에서 유화를 전공하고 도치기 현 마시코에 위치한 레스토랑 〈스타넷(starnet)〉에서 근무한 뒤 도예를 시작했다. 현재는 부부가 함께 작품을 만들고 있다.

No 4

히야미즈 기미코冷水希三子　**푸드 코디네이터**

요리에 관한 코디네이트, 스타일링, 레시피 연구를 중심으로 활약 중. 계절의 맛을 담은 그의 요리는 오감으로 맛보는 즐거움을 이끌어낸다. 저서로는 《수프와 빵》등이 있다.
http://kimiko-hiyamizu.com/

No 5

오사다 유카리おさだゆかり　〈스푼풀〉대표

잡화점 바이어를 거쳐 독립. 〈스푼풀(SPOONFUL)〉온라인 매장과 예약제 오프라인 매장을 운영하는 한편 일본 전국에서 다양한 이벤트도 개최하고 있다. 저서로는 《북유럽 잡화 수첩》등이 있다.
http://www.spoon-ful.jp/

No 6

고토 유키코後藤由紀子　〈할〉점주

시즈오카 누마즈에 위치한 잡화점 〈할(hal)〉의 점주. 정원사인 남편, 대학생 자녀 두 명과 함께 네 식구가 생활하고 있다. 가정을 최우선으로 여기는 삶의 방식이 많은 독자의 인기를 얻고 있으며, 최근 저서로는 《가족이 편안한 일상》이 있다.

No 7

구로다 마스오   그래픽 디자이너,
도모코 黒田益朗, トモコ   〈앨리스 데이지 로즈〉 대표

남편인 마스오(가운데)는 그래픽 디자이너로 활약하면서 〈야에카 홈스토어(YAECA HOME STORE)〉 등의 매장 조경도 맡고 있다. 아내 도모코(왼쪽)는 홍보기획사 겸 온라인 숍 〈앨리스 데이지 로즈(alice daisy rose)〉를 운영 중이다.
http://alicedaisyrose.com/

No 8

후쿠다 하루미 福田春美   브랜딩 디렉터

의류회사의 바이어, 퍼블리셔, 디렉터를 거쳐 2006년 프랑스로 건너갔다. 2010년 일본에 귀국한 후 현재 홈 케어 브랜드 〈어 데이(a day)〉, 홋카이도의 라이프 스타일 온라인 숍 〈투 더 노스(to the north)〉, 라이프 스타일 스토어 〈코르테 라르고(CorteLargo)〉 등의 디렉팅을 맡고 있다.

No 9

노무라 유리 野村友里   푸드 디렉터

푸드 크리에이티브 팀 〈이트립(eatrip)〉 대표. 요리교실을 운영하는 어머니를 따라 요리의 길로 들어섰다. 리셉션 등 케이터링 연출, 요리교실 운영, 잡지 연재, 라디오 방송 출연 등 다방면에서 활약 중이다.
http://www.babajiji.com/

No 10

고보리 기요미 小堀紀代美   〈라이크 라이크 키친〉 대표

요리 연구가. 제과점을 경영하는 부모님 밑에서 자라 어릴 적부터 요리를 좋아했다. 도쿄 도미가야에서 카페 겸 레스토랑 〈라이크 키친(LIKE LIKE KITCHEN)〉을 운영한 뒤 현재는 같은 이름의 요리 및 제과교실을 열고 있다. 일상 사진 및 소식은 인스타그램(@likelikekitchen)을 참조.

No 11

오가와 준이치 オガワジュンイチ   테라피스트, 허브리스트

'노미모노야'라는 이름으로 음료 케이터링 사업을 운영한 뒤 2011년에 아틀리에 〈산속 스콜레〉를 열었다. 현재는 전체론적인 관점에서 생활과 건강, 요리 등에 관해 제안하며 워크숍 등을 기획하고 있다.
http://junichiogawa.com/

No 12

이시이 가나에 石井佳苗   스타일리스트

인테리어 숍 근무를 거쳐 스타일리스트가 되었다. 여성도 가능한 인테리어 DIY를 제안하는 웹 매거진 〈러브 커스터마이저(Love customizer)〉 대표. 최근 저서로는 《DIY×셀프 리모델링으로 만드는 집 Love customizer2》가 있다.
http://lovecustomizer.com/

꽃을 오래도록 즐기기 위해

꽃을 오래 보기 위해서는 적절한 도구를 사용해야 합니다.
제가 평소 쓰고 있는 도구와 꽃을 아름답게 유지시킬 수 있는 약간의 팁, 손질법 등을 소개합니다.

기본 도구

행주

공작용 가위

꽃가위

끈

분무기

있으면 편리한 꽃꽂이 도구

고정용 와이어

입구가 넓고 미끄러지기 쉬운 볼이나 화분 등에는 분재용 와이어를 사용하면 꽃을 고정시키기 쉽다. 홈센터의 원예코너 등에서 구입할수 있다.

꽃통

물을 담을 수 없는 종이상자, 나무상자, 소쿠리, 바구니 등도 '꽃통'을 사용하면 화기가 된다. 다 먹은 잼의 빈 병이나 컵 등 겉에서 보이지 않는 크기의 용기라면 뭐든지 좋다.

구입한 꽃 다듬기

분무기로 물 뿌리기

물올림을 하거나 신문지로 말기 전에는 잎과 줄기 부분에 분무기로 충분히 물을 뿌려 수분을 공급한다. 이때 꽃잎에 물이 닿으면 상처가 생기기 쉬우므로 주의한다.

물속 자르기

입구가 넓은 그릇에 물을 담고 물속에서 줄기 끝을 비스듬하게 자르면, 절단면이 공기에 닿지 않은 채 물을 빨아들일 수 있다. 그대로 약 30분간 물에 담근다.

열탕처리

꽃이 시들시들해졌다면 열탕처리를 한다. 줄기 끝부분을 내놓고 신문지로 싼 다음, 뜨거운 물에 줄기 끝 1cm 부분을 약 20초간 담근다. 그 후 찬물에 2시간 이상 담가둔다.

탄화처리

장미, 작약, 수국 등 줄기가 단단하고 가지에 피는 꽃은 탄화처리가 효과적이다. 줄기 끝을 가스레인지 불로 검게 변할 때까지 태운 뒤 바로 찬물에 담근다.

꽃을 꽂기 전 준비

화기를 청결하게

꽃과 식물의 소중한 '보금자리'인 화기는 사용 전에 깨끗하게 씻은 뒤 행주로 물기를 제거한다. 청결하지 않은 화기는 물이 탁해지는 원인 중 하나이다.

가지는 껍질을 벗긴다

가지 끝을 비스듬하게 자른 다음 끝에서 3~4cm 부분까지 껍질을 벗긴다. 나아가 일자 모양이나 십자 모양으로 칼집을 내면 물의 흡수 면적이 넓어져 꽃이 생생해진다.

절단면은 비스듬하게

줄기를 비스듬하게 자르면 단면적이 넓어져 물을 듬뿍 빨아들일 수 있다. 한편 구근화는 물을 흡수하는 능력이 뛰어나기 때문에 똑바로 자른다.

밑줄기 잎 처리

물에 잠길 듯한 잎은 미리 제거한다. 밑줄기에 잎이 붙어 있으면 물속에 박테리아가 발생하기 쉬워 줄기가 썩고 물을 탁하게 만든다.